NOUV

PROFIL BAC

Collection initiée par Georges Décote

MARIVAUX

L'Île des esclaves

(1725)

Bruno Doucey

avec la participation de
Isabelle Doucey

Hatier

Sommaire

Fiche Profil 5

PREMIÈRE PARTIE 7

Résumé et repères pour la lecture

DEUXIÈME PARTIE 17

Problématiques essentielles

1 Marivaux et son œuvre 18

L'itinéraire d'un « honnête homme » 18

Trois modes d'expression complémentaires 20

2 *L'Île des esclaves* dans le théâtre de Marivaux 22

Les comédies de l'amour 22

Les comédies sociales 24

3 La structure de la pièce 27

Une structure circulaire 27

Une structure du changement 31

 ISBN 978-2-401-06370-9

4 Les personnages 34
L'origine et le nom des personnages 34
Le système des personnages 38
L'identité des personnages 40

5 L'espace 44
Athènes : lieu de référence 44
L'île, espace utopique 46

6 Le temps 49
Conventions et anachronismes 49
Des indications de durée 50
Les personnages et le temps 52

7 Le comique 56
Les formes du comique 56
Les fonctions du comique 59

8 Les thèmes 61
La coquetterie et l'amour-propre 61
La violence et le ressentiment 63
La fraternité et la vertu 66

9 Le langage 69
Un rejet de la « langue d'Athènes » 69
La quête d'un nouveau langage 72

10 Les jeux théâtraux et leur signification 75
Une mise en abyme du théâtre 75
Une réflexion implicite sur le théâtre 77

11 Maîtres et valets : la portée politique et morale de la pièce 82
Les éléments d'une critique sociale 82
Les principes d'un réformisme moral 84
Une mise en scène de la comédie humaine 85

TROISIÈME PARTIE 87

Six lectures méthodiques

1 IPHICRATE, *après avoir soupiré.* – Arlequin ! [...] cela est juste (scène 1) 88

2 TRIVELIN. – Ne m'interrompez point [...] votre vie (scène 2) 94

3 CLÉANTHIS. – Je vous ai dit [...] J'entendais tout cela, moi (scène 3) 99

4 ARLEQUIN, *à Iphicrate.* – Qu'on se retire [...] plus sages (scène 6) 105

5 IPHICRATE. – D'ailleurs ne fallait-il [...] tu voudras (scène 9) 111

6 TRIVELIN. – Que vois-je ? [...] le plus profitable (scène 11) 118

ANNEXES 124

Bibliographie 124

Index – Guide pour la recherche des idées 125

Édition : Carole de Fanti
Maquette : Tout pour plaire
Mise en page : Alain Berthet

FICHE PROFIL

L'Île des esclaves (1725)

COMÉDIE EN UN ACTE ET EN PROSE

Marivaux (1688-1763)

Théâtre — XVIIIe siècle

RÉSUMÉ

Deux Athéniens victimes d'un naufrage, Iphicrate et Euphrosine, échouent sur une île où règnent depuis cent ans des esclaves qui se sont jadis révoltés contre leurs maîtres. Trivelin, qui gouverne cette petite république, exige que les nouveaux arrivants prennent le nom, les vêtements et le rôle de leurs esclaves, Arlequin et Cléanthis. Les maîtres deviennent ainsi serviteurs, et les serviteurs maîtres. Euphrosine et Iphicrate ne sont pas humiliés sans raison : l'épreuve qui leur est imposée constitue, selon Trivelin, une cure destinée à les guérir de leur orgueil et de leur inhumanité. Euphrosine et Iphicrate, durement mis à l'épreuve, reconnaissent progressivement leurs torts et décident d'adopter un autre comportement. Arlequin et Cléanthis ont pitié de leurs maîtres destitués et leur pardonnent. Tout rentre dans l'ordre. Trivelin peut être satisfait : les maîtres sont devenus « humains, raisonnables et généreux » (sc. 2) ; les serviteurs ont surmonté leur ressentiment. Les naufragés pourront revoir Athènes.

PERSONNAGES

- **Les insulaires**

– **Trivelin**, gouverneur de l'Île des Esclaves.

- **Les personnages originaires d'Athènes**

– **Iphicrate**, jeune aristocrate, maître d'Arlequin.
– **Arlequin**, esclave d'Iphicrate.
– **Euphrosine**, aristocrate, maîtresse de Cléanthis.
– **Cléanthis**, esclave d'Euphrosine.

1. Structure de la pièce

L'Île des esclaves débute par un échange des noms et des rôles mais s'achève par un retour à la situation initiale, chaque personnage retrouvant à la fin de l'épreuve l'identité qui était la sienne avant le naufrage. La structure de la pièce est donc apparemment circulaire.

2. Évolution et transformations

De nombreuses modifications s'opèrent pourtant entre la scène d'exposition et le dénouement. Les maîtres, comme les valets, changent, mûrissent, se bonifient. À la violence et au ressentiment, se substituent l'amitié et la paix. Cette comédie de Marivaux est donc placée sous le signe du changement.

3. Injustice et inégalités sociales

La question des inégalités sociales est au cœur de la pièce. Le dramaturge ne prétend pas abolir la servitude ou renverser brutalement la hiérarchie sociale. Il désire avant tout humaniser les relations qui unissent maîtres et valets.

4. Violence et ressentiment

Marivaux dénonce la violence, physique et verbale, par laquelle les maîtres assurent leur autorité. Les différences de condition ne peuvent justifier de tels manquements au respect de la personne humaine. Le ressentiment, qui pousse l'esclave à se venger du maître déchu, ne saurait être plus acceptable.

5. Moralisme social

À travers cette pièce, Marivaux prône un éveil des consciences et des cœurs. Selon lui, les hommes doivent mesurer la portée de leurs actes, se montrer responsables et raisonnables en faisant preuve de générosité. La véritable noblesse est celle du cœur.

6. Accession à la vertu

Dans une société dominée par la fausseté de l'amour-propre, il prône l'accession à la vertu par la recherche de l'authenticité. En moraliste averti, il considère qu'on ne peut connaître ses semblables sans « percer au travers du masque dont ils se couvrent ».

PREMIÈRE PARTIE

Résumé et repères pour la lecture

RÉSUMÉ

Iphicrate, un jeune maître originaire d'Athènes, et son esclave Arlequin ont échappé à un naufrage dont ils sont apparemment les seuls survivants. Ils ont échoué sur une île où règnent depuis cent ans d'anciens esclaves grecs qui ont fui la cruauté de leurs maîtres. Iphicrate est au désespoir : il craint qu'on ne le prive de la liberté et peut-être même de la vie. En revanche, Arlequin jubile et prend rapidement conscience du profit qu'il peut tirer de ce changement de situation. Il s'enivre, rit de son maître, refuse de lui obéir. Cessant de le vouvoyer, il se comporte désormais en homme affranchi.

REPÈRES POUR LA LECTURE

Une scène d'exposition

Cette première scène de *L'Île des esclaves* constitue l'exposition de la pièce. Riche en informations, elle apporte des réponses aux questions que se posent lecteurs et spectateurs au moment où le rideau se lève : où et quand l'action se déroule-t-elle ? Quels en sont les principaux protagonistes ? En quoi consiste-t-elle ?

La situation nous est présentée au cours d'un affrontement verbal entre deux personnages, Iphicrate et son esclave Arlequin. Nous apprenons ainsi que l'action se déroule sur une île, vraisemblablement située au large d'Athènes. Les faits s'inscrivent dans le cadre temporel de la Grèce antique ; mais nous verrons qu'il s'agit là d'une pure convention permettant à Marivaux d'aborder des problèmes inhérents à la société de son temps.

Un renversement social

Le dialogue de ces deux personnages est placé sous le signe de la subversion et du renversement de situation.

Arlequin prend conscience du pouvoir que lui offre la législation de l'île et s'insurge contre l'autorité de son maître. Son attitude est faite de provocations et de rébellion, ainsi qu'en témoigne la dernière réplique de la scène : « Je ne t'obéis plus, prends-y garde. »

Iphicrate, fragilisé par les circonstances, se montre d'emblée dépendant de son esclave. Il a besoin de lui pour retrouver d'éventuels compagnons d'infortune et pour faire face aux périls qu'il encourt ; mais ni son autorité, ni sa fausse amabilité n'ont désormais d'impact sur Arlequin. Toutes les conditions se trouvent réunies pour que la hiérarchie sociale puisse être inversée.

Un naufrage symbolique

Comme *L'Île de la raison* (1727) et *La Colonie* (1750), cette pièce débute par un naufrage. Iphicrate se trouve placé dans une situation doublement périlleuse : mourir de faim ou devenir la victime des esclaves révoltés qui gouvernent l'île. Dans l'un et l'autre cas, le maître est promis à un avenir funeste.

Les privilèges dont jouissait Iphicrate ont disparu quand le « vaisseau s'est brisé contre le rocher ». Le naufrage vécu par les personnages est ainsi le symbole du naufrage de l'ancien ordre social.

SCÈNE 2

RÉSUMÉ

Iphicrate, exaspéré, entend punir son esclave par l'épée. Trivelin qui représente les insulaires l'en empêche. Il est accompagné de deux autres naufragées : Cléanthis, une jeune esclave, et Euphrosine sa maîtresse. Il ordonne aux maîtres et aux serviteurs d'échanger noms, fonctions et vêtements, faisant des maîtres les serviteurs de leurs anciens esclaves. Le gouverneur de l'île explique que les maîtres ainsi jetés « dans l'esclavage » suivent un « cours d'humanité » : Iphicrate et Euphrosine pourront recouvrer leur liberté au bout de trois ans, à condition qu'ils aient appris à devenir « humains, raisonnables et généreux ».

REPÈRES POUR LA LECTURE

L'apparition du meneur de jeu

Cette scène est marquée par l'apparition d'un personnage déterminant : Trivelin. Ce dernier est chargé de faire observer les lois en vigueur sur l'île. Il est celui qui permettra aux autres personnages d'évoluer dans le lieu clos de l'île qu'il gouverne. Ses propos, précis, calmes et mesurés, en font un être de raison.

Un « cours d'humanité »

Trivelin se comporte en pédagogue désireux d'éduquer les maîtres iniques et barbares qui ont fait naufrage sur l'île. Il fixe les conditions selon lesquelles se déroulera la cure destinée à les « rendre sains, c'est-à-dire humains, raisonnables et généreux ». Pour l'heure, Iphicrate et Euphrosine sont perçus par Trivelin comme des malades qu'il convient de guérir. Leur séjour sur « l'Île des Esclaves » s'apparente donc à une thérapie.

SCÈNES 3 ET 5

RÉSUMÉ

Cléanthis révèle à Trivelin les surnoms injurieux par lesquels Euphrosine s'adressait à elle. Ce faisant, la jeune femme laisse éclater sa douleur et son ressentiment. Trivelin lui demande alors d'effectuer, avec modération, un portrait de son ancienne maîtresse afin que celle-ci prenne conscience de ses torts. Cléanthis dépeint avec complaisance et vivacité les défauts d'Euphrosine : elle évoque sa vaniteuse coquetterie, les artifices qu'emprunte la séduction, ses minauderies ridicules, sa « mignardise[1] ». Le portrait est accablant et Trivelin doit y mettre fin.

Dans la scène 4, Trivelin invite Euphrosine à reconnaître la véracité du portrait qui vient d'être brossé. Celle-ci tente d'abord de se dérober; elle finit cependant par admettre le bien-fondé de la description et avoue son ridicule.

Arlequin, quant à lui, est de bonne humeur et n'a guère le désir de se venger de son ancien maître. Il jouit « modestement de (sa) bonne fortune » et se contente d'ébaucher le portrait satirique d'Iphicrate. Ce dernier avoue, non sans réticence, qu'il est souvent grotesque .

1. *Mignardise* : manque de naturel ; délicatesse affectée ou exagérée.

Les « singeries d'amour-propre »

Le portrait des maîtres, que brossent Arlequin et Cléanthis au cours des scènes 3 et 5, est pour Marivaux l'occasion de souligner les folies qu'engendre cette préférence pour soi-même qu'est l'amour-propre. La coquetterie d'Euphrosine et les ambitions d'Iphicrate en sont les principales manifestations. Elles génèrent, à la fois, l'égoïsme et le dédain, le narcissisme et l'indifférence à autrui.

Ces « singeries d'amour-propre », qui transforment la vie sociale en comédie, sont l'objet de railleries et d'évocations satiriques.

La mise à l'épreuve des maîtres

Deux épreuves sont successivement imposées à Iphicrate et Euphrosine.

La première consiste à placer les maîtres sous le regard critique de leurs esclaves. Euphrosine et Iphicrate se voient contraints d'écouter la description qui est faite de leurs « ridicules ». Ils subissent ainsi l'épreuve de l'humiliation.

Trivelin pousse plus avant l'expérience en engageant les maîtres à reconnaître la justesse des portraits effectués par Cléanthis et Arlequin. Il leur impose ainsi l'épreuve d'une confession publique.

Le ressentiment des esclaves

Arlequin et Cléanthis, longtemps humiliés, injuriés ou battus, trouvent dans ces portraits l'occasion d'exprimer leur ressentiment. Cléanthis évoque, avec ironie et vivacité, la vanité de la coquette. À la faveur du renversement, la jeune femme s'emporte contre sa maîtresse, laissant libre cours à son appétit de vengeance. Trivelin doit alors freiner son impétuosité.

Arlequin se montre, en revanche, plus conciliant. Il esquisse le portrait d'un maître extravagant et ridicule, puis semble oublier sa rancune. Il franchit ainsi, plus rapidement que Cléanthis, la nécessaire étape du ressentiment.

RÉSUMÉ

En l'absence de Trivelin, Arlequin et Cléanthis se comportent comme s'ils étaient réellement devenus Iphicrate et Euphrosine. Adoptant les mœurs et le langage de leurs maîtres, ils entreprennent de jouer une scène d'amour à la manière du « grand monde ». Cléanthis engage Arlequin à lui faire la cour selon les codes de la vie galante. La jeune femme se prend au jeu, mais son partenaire fait le pitre et rit de sa propre bouffonnerie. Les deux personnages imaginent ensuite un autre scénario : Arlequin pourrait s'éprendre de la nouvelle Cléanthis et Cléanthis du nouvel Arlequin. Chacun courtiserait ainsi l'ancien maître de l'autre.

REPÈRES POUR LA LECTURE

Les jeux de l'amour et de la séduction

Arlequin et Cléanthis profitent de l'absence de Trivelin pour jouer une scène d'amour à « la grande manière ». Les propos galants que les personnages échangent, les sentiments qu'ils expriment ne sont pas authentiques. Arlequin et Cléanthis ne sont pas épris l'un de l'autre, mais font semblant de l'être. Par ce jeu, les anciens esclaves entendent surtout parodier les mœurs galantes de leurs maîtres.

La parodie des codes galants

Arlequin et Cléanthis ont trop vécu dans les coulisses de la comédie que se jouent les maîtres pour ne pas avoir envie de les imiter. Par l'emploi de termes précieux et de gestes convenus, les domestiques singent les belles manières des aristocrates. Ce faisant, ils soulignent l'inauthenticité des codes de la vie galante et l'hypocrisie des comportements. L'idylle amoureuse mise en scène par Arlequin et Cléanthis est donc essentiellement parodique.

Une comédie dans la comédie

Cette scène, placée au cœur de la pièce, est d'autant plus intéressante qu'elle se présente comme une sorte de comédie dans la comédie, de théâtre dans le théâtre. Cléanthis organise le dialogue amoureux à la manière d'un metteur en scène. Thèmes abordés, contenu des répliques, utilisation de l'espace, déplacements des acteurs : rien n'est laissé au hasard. De simples personnages, Arlequin et Cléanthis deviennent acteurs sous le regard des spectateurs que sont désormais Iphicrate et Euphrosine.

SCÈNES 7 ET 8

RÉSUMÉ

Cléanthis explique à Euphrosine, devenue sa suivante, qu'elle la destine à celui qui est désormais le « seigneur Iphicrate ». Devant les réticences d'Euphrosine, la jeune femme fustige « la contenance ridicule » et « l'air évaporé » des séducteurs mondains et fait l'éloge de son partenaire : Arlequin, devenu « honnête homme », est un être franc, « simple dans ses manières » qui sait aimer avec sincérité.

Au cours de la scène 8, Arlequin tente de courtiser Euphrosine. Les propos qu'il lui adresse témoignent de la fascination que l'ancienne maîtresse exerce sur lui. Cette dernière, profondément désemparée, fait état du « malheur (qu'elle) éprouve » et en appelle à la compassion d'Arlequin. Touché par sa sincérité, ému par sa douleur, le jeune homme reste sans voix.

REPÈRES POUR LA LECTURE

Du séducteur mondain à l'homme vrai

Les propos que Cléanthis adresse à Euphrosine au cours de la scène 7 sont l'occasion d'opposer deux types d'hommes et de comportements. Le dramaturge brosse d'abord le portrait du séducteur mondain, vaniteux et égoïste, « volage » et « badin ». Il en dénonce les manières affectées et « la contenance ridicule ». Ces hommes-là ne sont pas ce qu'ils paraissent être : leurs sentiments sont feints ; leur rhétorique galante est une comédie.

À ces hommes faux s'opposent « les hommes vrais », dont Arlequin est une figure représentative. L'ancien esclave est présenté par Cléanthis comme une personne franche, simple et véridique. Dans un monde dominé par l'amour-propre, ces derniers sont souvent dupes des autres. Peut-être est-ce la raison pour laquelle Euphrosine ne peut concevoir un amour pour Arlequin.

Du jeu à la sincérité

La façon dont Arlequin entreprend de courtiser Euphrosine témoigne de cette franchise. À la fin de la scène 6, Arlequin présente son intention de séduire Euphrosine comme un habile moyen de se jouer des maîtres. Le jeu qu'il imagine ne manque ni d'humour ni d'audace. En présence d'Euphrosine (sc. 8), Arlequin se montre cependant beaucoup moins effronté. Ses propos trahissent la fascination qu'exerce sur lui l'ancienne maîtresse. Sa déclaration tourne court, mais le personnage s'est montré sincère.

Du ressentiment à la compassion

Ces deux scènes démontrent qu'Arlequin et Cléanthis sont également mis à l'épreuve au cours de leur séjour sur l'île. L'un et l'autre ne deviendront meilleurs que s'ils acceptent de dépasser le ressentiment qui les anime. Arlequin est le premier à connaître cette évolution, puisqu'il se laisse lentement gagner par la pitié que lui inspire le malheur d'Euphrosine. Il reproduit ainsi l'histoire collective des insulaires qui renoncèrent un jour à la vengeance pour adopter une attitude plus clémente envers les maîtres.

SCÈNES 9 ET 10

RÉSUMÉ

Arlequin rencontre son ancien maître et lui demande de bien vouloir aimer la nouvelle Euphrosine. Iphicrate s'en indigne et la conversation dérive sur les relations qui unissent maîtres et serviteurs. Arlequin dénonce les abus auxquels son interlocuteur s'est livré lorsqu'ils vivaient en Grèce, puis se montre magnanime en accordant son pardon au maître déchu. Iphicrate reconnaît ses torts et manifeste sa volonté de devenir meilleur. Arlequin « déshabille son maître » et reprend ses vêtements de serviteur.

Cléanthis intervient (sc. 10) et s'étonne d'un tel bouleversement. Comment le « seigneur Iphicrate » (Arlequin) a-t-il pu

reprendre son habit d'esclave ? La jeune femme indignée s'abandonne à sa rancœur : elle fustige le repentir des maîtres et dénonce le comportement des « honnêtes gens du monde ». Selon elle, Iphicrate et Euphrosine devraient « rougir de honte ».

Peu à peu, Cléanthis se laisse gagner par l'humilité et la détresse d'Euphrosine. D'un naturel charitable, elle finit par suivre l'exemple d'Arlequin et tombe dans les bras de son ancienne maîtresse.

REPÈRES POUR LA LECTURE

Une seconde inversion des rôles

La pièce s'achève par un second renversement de situation puisqu'Arlequin reprend ses vêtements de serviteur (sc. 9) et que Cléanthis rend la liberté à Euphrosine (sc. 10). Au terme de l'épreuve imposée par Trivelin, maîtres et valets retrouvent leurs noms et la fonction qu'ils occupaient jadis. Chacun réintègre sa place dans la hiérarchie sociale ; tout rentre dans l'ordre établi.

Un triomphe du cœur

Ce n'est pas dire pour autant que rien n'ait changé. Ces deux scènes démontrent d'abord que les maîtres se sont bonifiés au cours de leur séjour sur l'île. Euphrosine, jadis arrogante et vaniteuse, sait désormais faire preuve d'humilité. Au maître abusif et violent qu'était autrefois Iphicrate, succède également un être sensible, capable de tendresse et d'altruisme. Le même éveil du cœur est perceptible chez Arlequin et Cléanthis qui ont triomphé de leur ressentiment et découvert les vertus du pardon.

Une leçon de générosité

Cette évolution est d'autant probante qu'Arlequin et Cléanthis sont les artisans du changement qui s'opère à la fin de la pièce. Ni l'un ni l'autre ne se montrent véritablement hostiles au rétablissement de l'ordre social. Cléanthis, longtemps réticente, en appelle finalement à l'amitié d'Euphrosine. Arlequin se montre d'une générosité sans faille en restituant à Iphicrate les signes de sa supériorité sociale. Il lui donne une belle leçon d'humanité.

RÉSUMÉ

Trivelin rejoint les quatre personnages émus et réconciliés. Il a désormais toute raison d'être satisfait : les maîtres, durement mis à l'épreuve, sont devenus plus humains ; les serviteurs ont appris à pardonner. Le gouverneur de l'île met fin au « cours d'humanité » et tire les leçons de l'aventure vécue par les naufragés. Arlequin et Iphicrate, Cléanthis et Euphrosine, désormais unis par les liens d'une amitié réciproque, sont libres de partir et de revoir Athènes.

REPÈRES POUR LA LECTURE

La scène de clôture

La dernière scène de *L'Île des esclaves* est marquée par le retour de Trivelin et le rassemblement de tous les personnages. Aussi constitue-t-elle ce que l'on nomme traditionnellement une scène de clôture. Elle est, pour Trivelin, l'occasion de constater les progrès accomplis par les naufragés et de mettre un terme au « cours d'humanité ». Dans une sorte de mouvement circulaire, la pièce s'achève sur l'annonce d'un départ puisque les personnages, enfin guéris de leur barbarie, pourront revoir Athènes.

Les leçons de l'épreuve

Dans un bref discours, Trivelin tire également les leçons de l'expérience vécue par les naufragés. Sans jamais remettre en cause les principes d'une hiérarchie sociale, le maître d'œuvre laisse entendre que la Providence impose aux hommes des différences de condition dont il faut s'accommoder. Il admet ainsi que la société puisse ne pas être pleinement égalitaire. En vérité, le gouverneur de l'île s'exprime en moraliste. Il fait l'éloge des transformations psychologiques et morales vécues par les naufragés. La bonté, le choix d'une attitude raisonnable, l'éveil du cœur, la simple tolérance sont, à ses yeux, des vertus cardinales. La seule révolution que prône Trivelin est intérieure. Elle consiste à découvrir la bonté qui est au fond de soi, à faire confiance au « charitable naturel » des individus. À l'instar de Marivaux, Trivelin est un humaniste.

DEUXIÈME PARTIE

Problématiques essentielles

1 Marivaux et son œuvre

Une correspondance de plusieurs milliers de lettres apporte un éclairage précis sur la vie tumultueuse et la personnalité de Voltaire (1694-1778). Des confidences, des « confessions », des portraits, de multiples documents d'archives nous renseignent sur les hommes que furent Rousseau (1712-1778) ou Diderot (1713-1784). On sait quels scandales entourèrent la vie du Marquis de Sade (1740-1814), quelle existence aventureuse mena Beaumarchais (1732-1799). Avec Marivaux, rien de tel : nous ne connaissons qu'un seul portrait de lui ; la plupart de ses lettres ont été perdues ; rares sont les documents qui le concernent. Son existence, sans aventure et sans histoire, fut celle d'un homme discret qui fit le choix de vivre centré sur son œuvre. Réservé, courtois et raffiné, l'auteur de *La Vie de Marianne* peut être considéré comme un honnête homme du XVIIIe siècle[1].

L'ITINÉRAIRE D'UN « HONNÊTE HOMME »

Pierre Carlet Chamblain de Marivaux naît à Paris le 4 février 1688 dans une famille de la petite noblesse. À partir de sa onzième année, l'enfant découvre la province : son père, qui fait carrière dans l'administration des finances, est nommé directeur de la Monnaie[2] à Riom, puis à Limoges. Le jeune Marivaux y passe les dix années qui suivent. Il reçoit une solide formation de latiniste et s'adonne à de vastes lectures : Rabelais, Cervantès, Molière, Sorel

1. Aux XVIIe et XVIIIe siècles, l'expression « honnête homme » n'avait pas le sens qu'on lui attribue aujourd'hui. Elle désignait alors un type de comportement social et un idéal. Être « honnête homme », c'était plaire en société sans être importun, être cultivé sans être pédant, se comporter avec élégance, tolérance et courtoisie.

2. On dirait, de nos jours, contrôleur des Finances.

et Scarron[1] joueront un rôle déterminant dans sa maturation intellectuelle. À partir de 1710, il entreprend, sans enthousiasme, des études de droit à Paris. Il les abandonne trois ans plus tard pour se consacrer à la littérature. Il rédige alors une comédie et plusieurs romans parodiques. De cette époque datent également ses premières chroniques journalistiques publiées dans *Le Nouveau Mercure*.

Ces œuvres de jeunesse assurent d'emblée une certaine notoriété à Marivaux. Le jeune romancier se lie d'amitié avec les écrivains alors influents et novateurs que sont Fontenelle et La Motte. Il s'engage auprès d'eux dans le combat qui oppose les « Modernes » au parti des «Anciens»[2], affirme la singularité de son œuvre naissante. En 1717, il consolide sa position sociale en épousant Colombe Bologne, la fille d'un riche bourgeois de Sens. Mais ces satisfactions sont de courte durée. Ruiné par la banqueroute de Law[3] en 1720, veuf en 1723, Marivaux se voit contraint d'écrire pour vivre et élever sa fille âgée de quatre ans. Il trouve dès lors sa raison d'être dans l'élaboration d'une œuvre originale et diversifiée. Il se passionne pour le théâtre, écrit d'autres romans, poursuit sa carrière de journaliste.

Observateur attentif des réalités de ce monde, guetteur mélancolique de son siècle, Marivaux vit en retrait. Il partage néanmoins, à sa manière, les préoccupations de son temps, côtoie ses amis écrivains, fréquente quelques salons[4]. Mais jusqu'à sa mort, qui survient en 1763, l'essentiel reste l'œuvre profonde, moderne et généreuse, qu'il élabore dans la solitude.

---

1. L'écrivain espagnol M. de Cervantès (1547-1616) est l'auteur de *Don Quichotte*. C. Sorel (1602-1674) et P. Scarron (1610-1660) sont deux romanciers français du XVIIe siècle.

2. La « Querelle des Anciens et des Modernes » remonte au XVIIe siècle. Elle oppose deux camps d'écrivains : ceux qui, tournés vers le passé, pensent qu'il faut imiter les Anciens (les auteurs de l'Antiquité, par exemple) et ceux qui cherchent à innover. Proche de ces derniers, Marivaux tente de s'engager dans une voie nouvelle.

3. Le financier écossais John Law avait mis en place, en France, un nouveau système monétaire. Mais celui-ci s'effondre en 1720, ruinant des milliers de particuliers.

4. Marivaux fréquente les salons de Mme de Lambert, de Mme de Tencin et de Mme Geoffrin. Ces salons jouaient un rôle considérable dans le développement des idées nouvelles. Écrivains et philosophes y trouvaient audience et protection.

TROIS MODES D'EXPRESSION COMPLÉMENTAIRES

Le journalisme

Les premières chroniques journalistiques de Marivaux datent des années 1717-1720. À cette époque, le jeune écrivain rédige des « Lettres », comme les *Lettres sur les habitants de Paris*, que publie *Le Nouveau Mercure*. Il se livre à l'observation, souvent critique, du monde qui l'entoure ou révèle les positions esthétiques qui sont les siennes. Dans les années qui suivent, l'écrivain poursuit activement ce travail dans divers journaux : il écrit et publie de nombreux articles qui seront ultérieurement réunis dans *Le Spectateur français* (1721-1724), *L'Indigent Philosophe* (1727) et *Le Cabinet du philosophe* (1734). Chacun de ces ouvrages se présente comme un recueil de chroniques. L'auteur y exprime librement ses qualités d'observateur et développe, sur un ton très personnel, ses conceptions politiques, littéraires ou morales. Ses réflexions sur la condition féminine, l'éducation des enfants ou l'inégalité sociale trouveront un écho dans ses œuvres romanesques et théâtrales.

Le roman

Ces chroniques journalistiques ne doivent pas faire oublier l'œuvre romanesque de Marivaux qui rédigea, dès sa jeunesse, plusieurs romans parodiques ou burlesques : *Les Aventures de *** ou les effets surprenants de la sympathie* (1712-1714), *Le Bilboquet* (1713), *La Voiture embourbée* (1714), et *L'Iliade travestie* (1717). Ces récits révèlent l'appartenance du jeune romancier au mouvement littéraire d'avant-garde que cautionnent les « Modernes ». Dans « L'Avis au lecteur » de son premier roman, Marivaux expose ses conceptions. Récusant l'idéal classique d'ordre et de bienséance, il entend rompre avec le passé. Il veut accorder plus d'importance à la sensibilité, concevoir des ouvrages « dont le sujet est le cœur ». L'émotion, l'éveil des sentiments, la découverte de soi et des autres, la différence entre être et paraître, telles sont déjà les préoccupations majeures de l'écrivain.

Dans *La Vie de Marianne* (1731-1741) et *Le Paysan parvenu* (1734), œuvres de la maturité, Marivaux façonne pleinement son univers romanesque. Dans le premier de ces récits restés inachevés, une femme d'âge mûr raconte le cheminement de la jeune orpheline qu'elle était. Dans le second, le romancier narre la brillante ascension sociale de Jacob, paysan champenois « monté » à Paris. Ces romans d'apprentissage sont pour Marivaux l'occasion de décrire, avec réalisme, le cadre social dans lequel évoluent ses personnages. Ils sont aussi — et surtout — des romans d'analyse psychologique d'une remarquable finesse. Dans *La Vie de Marianne*, Marivaux étudie ainsi, avec la plus grande minutie, « le mélange de trouble, de plaisir et de peur » qu'engendre l'éveil du sentiment amoureux.

Le théâtre

C'est une rencontre qui fit naître la passion du théâtre dans la vie de Marivaux. En 1720, le jeune romancier découvre à Paris la troupe de comédiens italiens que le Régent Philippe d'Orléans[1] vient de faire venir à la Cour[2]. Ces derniers, qui font alors ombrage aux comédiens français, séduisent le public par leur vivacité, leur spontanéité et leur fantaisie. Ils s'inscrivent dans la tradition de la *commedia dell'arte*, forme théâtrale née en Italie au XVIe siècle, et fondent leur jeu sur le mime, l'improvisation, le chant ou l'acrobatie. Dans sa volonté de rompre avec le classicisme, Marivaux ne pouvait qu'être séduit par la comédie italienne. Il devient l'auteur attitré de la troupe et crée des personnages qui s'adaptent parfaitement à la personnalité des acteurs. La collaboration qui s'engage dès 1720 avec ces comédiens sera tout à la fois durable et féconde.

---

1. La Régence est une courte période de transition (1715-1723) entre les règnes de Louis XIV et Louis XV.

2. Les comédiens italiens avaient été expulsés par Louis XIV en 1697. Le Régent Philippe d'Orléans les fait revenir quand il arrive au pouvoir.

2 *L'Île des esclaves* dans le théâtre de Marivaux

Marivaux est l'auteur d'une quarantaine de pièces de théâtre. À quelques rares exceptions près, toutes ses pièces sont des comédies en prose. Elles peuvent être schématiquement réparties en deux catégories : les comédies de l'amour et les comédies sociales. *L'Île des esclaves* appartient à la seconde.

LES COMÉDIES DE L'AMOUR

Dès sa première pièce importante, intitulée *Arlequin poli par l'amour* (1720), Marivaux s'est attaché à peindre les mille et un visages du sentiment amoureux. Il a montré quelles transformations psychologiques suppose, chez un être, l'éveil de la passion ; quel trouble, quel émoi, quel douloureux bonheur entraîne parfois l'aveu d'un désir. La jalousie, l'amour-propre, la vanité, le jeu de la séduction ou l'inconstance du cœur humain, le mensonge ou la mauvaise foi sont aussi, sous sa plume, l'objet de subtiles analyses. Ce sont elles qui assurent d'ailleurs, depuis plus de deux siècles, la notoriété de ces trois comédies inoubliables de Marivaux que sont *La Double Inconstance, Le Jeu de l'amour et du hasard* et *Les Fausses Confidences.*

La Double Inconstance (1723)

Cette comédie débute comme une tragédie classique : Arlequin et Silvia, deux jeunes paysans qui s'aiment, sont enlevés par un prince fortuné. Ce dernier, épris de la jeune fille, les sépare et tente de conquérir le cœur qui lui résiste. Mais en vain : Silvia reste fidèle à Arlequin et aux valeurs qu'il incarne. Les habiles manœuvres de Flaminia, dame de la Cour, vont peu à peu ébranler les certitudes des jeunes paysans. Arlequin et Silvia qui se sont retrouvés au palais, vont se laisser progressivement gagner par d'autres sentiments : les plaisirs de la vie mondaine, les ruses de l'amour-propre, l'inconstance du cœur humain, détruisent la passion simple et sincère qui liait jadis les jeunes gens. À la fin de la pièce, Silvia épouse le prince et Flaminia devient la femme d'Arlequin.

Dans *La Double Inconstance,* Marivaux étudie, en fin psychologue, les jeux et les enjeux de l'amour. Il se livre aussi à une observation attentive de la vie sociale, opposant l'authentique simplicité de la vie rustique aux ruses, parfois cyniques, du monde aristocratique.

Le Jeu de l'amour et du hasard (1730)

Cette pièce qui connut un franc succès lors de sa représentation est l'une des comédies les plus jouées du répertoire français. Marivaux y a recours, comme il le fera par la suite dans *L'Île des esclaves,* au procédé du travestissement et à l'inversion des rôles : deux jeunes nobles, Dorante et Silvia, ont été fiancés par leurs pères respectifs sans s'être jamais rencontrés. Silvia, qui répugne à épouser un homme qu'elle ne connaît pas, décide d'observer, à couvert, le comportement de Dorante en endossant les vêtements de Lisette, sa femme de chambre. De son côté, le jeune homme en fait de même avec son valet Arlequin. À la fin de la pièce, après maints quiproquos comiques, Dorante se dit prêt à épouser, par amour, celle qu'il prend pour la suivante de Silvia. Tout rentre dans l'ordre lorsque l'identité de cette dernière lui est révélée. Les deux jeunes gens sont alors sûrs de leurs sentiments : ils sont faits l'un pour l'autre puisqu'ils se sont choisis sans même savoir qui se cachait derrière les déguisements.

Les changements de costumes et de rôles que suppose la stratégie des personnages permettent surtout à Marivaux de s'interroger sur le poids des préjugés et des conventions sociales. Derrière le masque attrayant des situations comiques transparaît le regard d'un homme qui médite, en moraliste, sur les problèmes de son temps.

Les Fausses Confidences (1737)

Cette comédie peut être lue, ainsi que le suggère son titre, comme une interrogation sur le thème de la sincérité.

Araminte, une jeune veuve fortunée, doit engager un intendant. Elle hésite entre le comte Dorimont qui la courtise et un jeune inconnu, fort séduisant, qui se nomme Dorante. Ce dernier, qui sera choisi, est en réalité un homme sans fortune qui veut être intendant pour séduire Araminte dont il est amoureux. Par amour-propre, cette dernière se refuse à admettre les sentiments qui s'éveillent en elle. Il faudra toute l'habileté de Dubois, l'ancien valet de Dorante venu discrètement plaider la cause du nouvel intendant, pour qu'Araminte se déclare. À la fin de la pièce, cette dernière reconnaît qu'elle est éprise d'un « subalterne ». Le rideau tombe sur l'annonce de leur mariage.

Dans cette pièce Marivaux peint, avec finesse et perspicacité, le jeu de l'amour et du mensonge. Araminte et Dorante, dupes d'eux-mêmes et de l'autre, sont confusément à la recherche du sentiment authentique, de « l'amour vrai ». Ils sont la preuve que des êtres de condition différente peuvent parvenir à vaincre les préjugés qui les séparent.

LES COMÉDIES SOCIALES

L'amour n'est pas le thème dominant de toutes les œuvres théâtrales de Marivaux. Trois de ses pièces constituent un ensemble distinct et cohérent : *L'Île des esclaves* (1725), *L'Île de la raison* (1727) et *La Colonie* (1750).

Ces pièces forment ce que l'on nomme communément les comédies « sociales » de l'écrivain. Ce dernier n'y abandonne pas l'analyse psychologique si caractéristique de son œuvre : il confère simplement plus de poids aux questions politiques, philosophiques ou morales qui le préoccupent. L'inégalité sociale, l'injustice, l'éducation des enfants, l'émancipation des femmes ou le mariage y sont ainsi l'objet d'une réflexion privilégiée.

Ces trois pièces se présentent comme des *utopies*. Toutes ont pour cadre une île sur laquelle les personnages ont échoué ou se sont réfugiés ; toutes remettent en question la hiérarchie sociale traditionnelle et créent une situation proprement « révolutionnaire » ; toutes débutent par un profond bouleversement des valeurs.

L'Île des esclaves (1725)

Cette pièce est la première comédie sociale de Marivaux. Le dramaturge y met en scène une situation cocasse et inattendue : des maîtres et leurs serviteurs sont jetés par une tempête sur une île peuplée d'anciens esclaves. Qu'adviendra-t-il de leur ancienne relation ? Les maîtres pourront-ils continuer à gouverner ? Les esclaves ne chercheront-ils pas à s'affranchir ?

La situation audacieuse conçue par le dramaturge enthousiasma le public de l'époque : *L'Île des esclaves* jouée au Théâtre des Italiens, tint l'affiche pendant plus de vingt représentations.

L'Île de la raison ou les petits hommes (1727)

La seconde *utopie* de Marivaux ne connut pas le même bonheur. *L'Île de la raison* jouée par la Comédie-Française, fut, selon un chroniqueur de l'époque, « magnifiquement sifflée » et retirée après la quatrième représentation.

La situation mise en scène par le dramaturge n'est pourtant pas sans attrait : comme dans la pièce précédente, des hommes et des femmes sont jetés sur une île inconnue à la suite d'un naufrage. Ces huit Européens vont y vivre une aventure peu ordinaire : ils découvrent, à l'heure où les insulaires les accueillent, qu'ils ont rapetissé, qu'ils sont devenus minuscules. Le Gouverneur de l'île et Blectrue, son conseiller, sont en revanche d'une taille normale. Aussi sont-ils obligés d'utiliser une « lunette d'approche » pour observer les nouveaux arrivants. Ces derniers comprennent bientôt que la taille des humains est, dans cette île étonnante, proportionnelle à leur raison. Chacun d'eux doit grandir en sagesse, être raisonnable et vertueux s'il veut recouvrer la taille qui fut la sienne[1]. « L'Île de la Raison » se présente donc comme un lieu d'apprentissage et de redressement.

La plupart des Européens, convertis aux bonnes mœurs de l'île et à la raison, parviendront à grandir. Seuls deux d'entre eux, le Poète et le Philosophe, incapables de reconnaître leurs torts, resteront à jamais minuscules.

La Colonie (1750)

En 1729, Marivaux écrivit une comédie en trois actes intitulée *La Nouvelle Colonie ou la ligue des femmes.* Cette pièce aujourd'hui perdue (nous ne la connaissons que par le compte rendu qu'en donna *Le Mercure*) fut un échec. Le dramaturge la reprit en 1750. Il en réduisit le texte et publia *La Colonie,* comédie en un acte qui ne fut jamais représentée du vivant de l'auteur.

Les personnages qui composent cette pièce ne sont pas des naufragés mais des exilés qui ont fui leur patrie. Ils se retrouvent sur une île dépourvue de gouvernement. Tandis que les hommes tentent de légiférer, les femmes se rassemblent et expriment leur volonté d'indépendance. Elles veulent défendre leurs droits et sortir de « l'humilité ridicule » qui leur est imposée « depuis le commencement du monde ». Arthénice et Madame Sorbin, leurs déléguées, prêchent l'insoumission et l'abolition du mariage. Elles souhaitent prendre part aux décisions politiques et exercer les mêmes fonctions que les hommes. Un habile stratagème conçu par le philosophe Hermocrate met cependant un terme à leur révolte : les hommes annoncent aux insurgées une imminente attaque des indigènes. Les femmes effrayées renoncent à prendre les armes et se placent sous la protection des hommes.

1. Ce jeu sur l'accroissement et la diminution de la taille des personnages est une difficulté majeure pour tout metteur en scène. Cela explique sans doute l'échec de la pièce au théâtre. *L'Île de la raison* avait, en revanche, enchanté les personnes auxquelles Marivaux en avait donné une lecture.

3 La structure de la pièce

L'Île des esclaves est l'une des plus courtes pièces de Marivaux. Elle est pourtant de celles qui eurent, à l'époque du dramaturge et de nos jours, le plus de succès. Sa brièveté, la simplicité de l'intrigue, la façon même dont elle est structurée, ne sont pas étrangères à cette réussite.

UNE STRUCTURE CIRCULAIRE

Un bouleversement initial

L'Île des esclaves débute par un bouleversement de situation. Dès les premières répliques de la scène d'exposition[1], lecteurs et spectateurs apprennent que les personnages se trouvent placés dans un contexte inattendu.

Un naufrage

Par ses propos, Iphicrate fournit des renseignements précis sur la nature des événements qui ont précédé le lever du rideau. Nous apprenons qu'Arlequin et son maître ont échappé à un naufrage; que «[leur] vaisseau s'est brisé contre [un] rocher [...]» (sc. 1); que la plupart de leurs camarades se «sont noyés dans la mer». En faisant du débarquement sur l'Île des Esclaves la conséquence d'un naufrage, Marivaux a recours à un thème à la mode. Avant lui, une telle situation avait été exposée dans *Les Aventures de Télémaque* de Fénelon (1651-1715) ou le *Robinson Crusoé* de Defoe (1660-1731). Marivaux avait lui-même pratiqué la robinso-

1. L'exposition fournit, dès la première scène d'une pièce, des renseignements utiles à la compréhension de la situation. Elle permet aussi d'amorcer le déroulement de l'action.

nade dans le roman[1]. En la transposant au théâtre, l'auteur de *L'Île des esclaves* ne se contente pas de créer une situation que le spectateur de l'époque connaît et attend. Il choisit aussi un événement inaugural hautement symbolique : un naufrage est toujours une rupture avec le passé, une cassure, l'amorce d'un bouleversement.

Un changement de lieu

Le bouleversement sur lequel s'ouvre *L'Île des esclaves* se manifeste aussi par un changement de lieu. Les didascalies[2] qui précèdent les premières répliques de la pièce nous apprennent que la scène représente une île : « Le théâtre représente une mer et des rochers d'un côté, et de l'autre quelques arbres et des maisons.»

En adoptant le thème de l'insularité, Marivaux n'entend pas seulement se conformer à une mode. Il ne recherche pas l'exotisme ou le pittoresque. En faisant débarquer ses personnages sur une île, le dramaturge entend d'abord créer le cadre dans lequel de profonds bouleversements pourront s'accomplir. Coupée du reste du monde, isolée au milieu de la mer, l'île est un lieu idéal pour un nouveau départ.

De nouvelles règles

La pièce commence, au sens propre du terme, par une *révolution*. Dès les premières scènes, le lecteur apprend, en effet, que l'Île des Esclaves est le lieu de tous les changements, de tous les renversements. Maîtres et serviteurs y doivent échanger noms, costumes et condition. En échouant sur cette île, les personnages n'ont pas perdu la vie : ils ont simplement, qu'ils le veuillent ou non, changé de vie. Par cette brusque mutation de fonction et d'identité, Arlequin devient ainsi Iphicrate, et Iphicrate Arlequin.

---

1. Au XVIIIe siècle, de nombreux récits narrent les aventures de Robinson Crusoé ou s'en inspirent. C'est le cas du roman de Marivaux intitulé *Les Effets surprenants de la sympathie* dans lequel sont évoquées les aventures d'Emander, naufragé qui entreprend de civiliser les sauvages d'une île.

2. Les didascalies sont les indications scéniques données par l'auteur au sein même du texte (voir ci-dessous, p. 34).

Une succession de mises à l'épreuve

Les épreuves imposées

La principale épreuve à laquelle les personnages doivent se soumettre est imposée par Trivelin. Dans les deux premières scènes de la pièce, ce dernier se charge de faire observer les lois qui régissent la vie sociale de sa petite république. Il fixe les conditions dans lesquelles se déroulera le « cours d'humanité » imposé aux anciens maîtres et évoque la finalité de l'épreuve : le traitement n'est destiné qu'à les « rendre sains, c'est-à-dire humains, raisonnables, et généreux [...] » (sc. 2) pour toute leur existence.

À partir de la scène 3, Trivelin cesse d'énoncer des préceptes ou de dicter des règles de conduite. Il demande à Cléanthis et Arlequin de brosser un portrait de leurs anciens maîtres. Son rôle est alors d'observer les réactions des uns et des autres. Placé en situation d'arbitre, il se contente de faire respecter les règles du jeu qu'il a préalablement imposé.

Les épreuves libres

Trivelin, omniprésent dans les cinq premières scènes de la pièce, s'éclipse dans la sixième. Il disparaît parce qu'Iphicrate et Euphrosine ont accepté de reconnaître la véracité des portraits réalisés par leurs anciens esclaves. Le système qu'il a mis en place fonctionne désormais sans son intervention. En son absence, Iphicrate et Arlequin, Cléanthis et Euphrosine sont libres d'agir comme ils le désirent à l'intérieur des cadres qui leur sont imposés. Le déroulement des scènes 6, 7 et 8 est, à cet égard, très significatif : Arlequin et Cléanthis décident d'abord de jouer une scène d'amour à la manière du grand monde (sc. 6). Ils ont ensuite l'intention, plus audacieuse, de courtiser leurs anciens maîtres. En l'absence de Trivelin, Arlequin et Cléanthis s'abandonnent à leur fantaisie. Ils inventent librement des jeux dans lesquels eux-mêmes, sans le savoir, sont amenés à dévoiler leurs propres sentiments.

Un apparent retour à la situation initiale

La disparition de Trivelin à l'issue de la scène 5 n'est pas définitive. Ce dernier revient à la fin de la pièce pour mesurer l'ampleur des changements qui se sont opérés. Il constate que les choses se sont déroulées comme il l'avait initialement prévu : les anciens maîtres, durement mis à l'épreuve, ont appris, à leur dépens, ce qu'est l'injustice. Les esclaves, quant à eux, touchés par la souffrance d'Euphrosine et Iphicrate, ont décidé de pardonner. En restituant, sans maugréer, les vêtements de son maître, Arlequin recouvre l'identité qui était la sienne au début de la pièce. Il cesse de tutoyer Iphicrate («*Rendez*-moi mon habit et *reprenez* le vôtre. [...] » sc. 9) et retrouve le respect qui l'animait jadis. Maîtres et valets sont désormais libres de regagner Athènes.

La structure de *L'Île des esclaves* frappe donc par sa circularité. La situation finale paraît être, à première vue, la négation des profonds bouleversements instaurés sous l'autorité de Trivelin. La pièce, qui débute par un naufrage sur l'Île des Esclaves, s'achève sur les prémices d'un départ pour Athènes. Chacun semble accepter le retour à la situation initiale; chacun paraît s'accommoder d'un revirement pourtant inattendu. La révolution promise par les insulaires cède curieusement la place à un apparent retour de l'ancien ordre social.

Une observation attentive de l'entrée en scène des personnages renforce cette impression de circularité. Les cinq protagonistes de l'action ne sont réunis sur scène qu'à deux reprises : une première fois au cours de *l'exposition* (sc. 2); une seconde fois dans la onzième et dernière scène de la pièce. Ce parallélisme n'est pas fortuit : il révèle d'abord l'importance que Marivaux accorde au personnage de Trivelin, véritable meneur de jeu de cette comédie. Il souligne aussi le caractère circulaire de la pièce : le premier rassemblement des personnages (sc. 2) annonçait la mise en place d'un nouvel ordre social; le second (sc. 11), également orchestré par Trivelin, inaugure un retour à la situation initiale.

UNE STRUCTURE DU CHANGEMENT

La circularité de *L'Île des esclaves* pose, nous le verrons, maints problèmes d'interprétation. Elle n'est pourtant qu'apparente. Divers éléments prouvent que Marivaux entend placer la structure de sa pièce sous le signe du changement.

Régression ou progression ?

Les bouleversements sur lesquels s'ouvre *L'Île des esclaves* ne sont pas sans audace. Marivaux y exprime des idées qui annoncent la Révolution de 1789 et fait preuve d'une grande hardiesse. À cet égard, le dénouement de la pièce peut paraître décevant. En opérant un apparent retour à la situation initiale, le dramaturge semble nier les transformations sociales dont il fut l'artisan. L'épreuve imposée aux maîtres tourne court ; les anciens esclaves retrouvent leurs vêtements, leur condition et leur identité ; tout rentre dans l'ordre : le dénouement conçu par Marivaux peut être perçu comme une régression.

Une lecture attentive de *L'Île des esclaves* prouve que les choses ne sont pas aussi simples. Cette régression est, en réalité, superficielle. C'est à peine, d'ailleurs, si elle dissimule une remarquable progression des relations qui unissent les personnages.

Trois éléments suffiront à en apporter la preuve :

– L'attitude des maîtres au cours du dénouement n'est nullement comparable à celle de la situation initiale. Au maître qui régnait jadis par la violence (Iphicrate) répond désormais le maître raisonnable, sensible, humanisé par l'épreuve qu'il a subie. La cruauté des rapports de domination a cédé la place au respect, à la tendresse et à la compassion[1].

– Dans les deux dernières scènes de la pièce, Arlequin et Cléanthis font sciemment le choix de retrouver la condition qui leur était préalablement imposée. Ils prouvent qu'ils ont changé et font, pour la première fois, usage de leur liberté.

1. Iphicrate retrouve son nom, ses habits et son rôle à la fin de la pièce. Mais nous ne savons pas si l'épée, qui fut attribuée à Arlequin au cours de la scène 2, lui a été rendue. Cet élément possède naturellement une valeur symbolique.

– À la fin de la pièce, maîtres et serviteurs ne sont plus en guerre. Chacun d'eux est devenu sensible au désarroi de l'autre ; chacun d'eux a appris à dominer sa douleur et son ressentiment. « En fin finale » — et pour la première fois, oserait-on dire pour reprendre les mots d'Arlequin —, « la paix est conclue [...] » (sc. 11).

Le fait que la pièce de Marivaux s'achève sur un nouveau renversement de situation est enfin, en lui-même, très significatif. Il est la preuve que dans l'esprit du dramaturge les choses changent, évoluent, se transforment. Au théâtre, comme dans la vie, rien n'est jamais acquis, rien n'est immuable. Tout est sujet au mouvement ; tout peut arriver.

Un final inattendu

Il n'est pas tout à fait exact de dire que la pièce de Marivaux se clôt comme elle a commencé. On ne peut même pas affirmer que le spectacle s'achève à l'issue de la onzième et dernière scène. À l'origine, *L'Île des esclaves* comportait un « divertissement[1] » chanté et dansé qui se trouvait placé à la fin de la pièce. En voici les deux premières strophes :

> Quand un homme est fier de son rang
> Et qu'il me vante sa naissance,
> Je ris je ris de notre impertinence[2],
> Qui de ce nain fait un géant.
>
> Mais a-t-il l'âme respectable ?
> Est-il né tendre et généreux ;
> Je voudrais forger une fable
> Qui le fît descendre des dieux.

Ce divertissement est particulièrement significatif. Il est d'abord la preuve que Marivaux n'entend pas revenir, à la fin de sa pièce, à la situation de départ. *L'Île des esclaves* ne s'achève pas sur un triste constat d'échec. La réconciliation des esclaves et des maîtres débouche, au contraire, sur une fête, un spectacle divertissant. La

1. Un divertissement est un petit spectacle qui comporte des chants et des danses. Il peut se situer entre les actes – on parle alors d'intermède – ou en fin de représentation.
2. *notre impertinence* : notre manque de bon sens, notre bêtise. Croire que la valeur d'un homme dépend de sa naissance et de son rang, c'est manquer de bon sens.

lutte qui opposait Arlequin à Iphicrate et Cléanthis à Euphrosine cède la place aux chants et aux danses ; elle est oubliée au profit du plaisir et de la bonne humeur. Le divertissement sur lequel se clôt *L'île des esclaves* confère à l'action dramatique une dimension véritablement ludique et récréative.

Le contenu de ce divertissement est également riche en enseignements. Les idées émises dans la première strophe sont aussi audacieuses que la situation mise en scène au début de la pièce : le fait de juger un homme par la « naissance » ou le « rang » y est présenté comme une « impertinence », un manque de bon sens. Le dramaturge dénonce les privilèges qui font d'un « nain » un « géant ». L'inégalité sociale ne repose, selon lui, sur aucune valeur, n'est détentrice d'aucune vérité : la naissance n'est pas de droit divin[1]. Pour Marivaux, la véritable noblesse, l'authentique grandeur sont, au contraire, celles du cœur. Le mérite personnel devrait être l'unique critère de distinction sociale, le seul principe de hiérarchisation des êtres. C'est l'homme « respectable », l'homme « tendre et généreux » que le dramaturge voudrait voir « descendre des dieux », et non le noble enorgueilli.

Ce divertissement introduit une nouvelle fracture dans le déroulement de l'action. Il rompt la circularité de la pièce, permet un changement de ton et d'orientation. Son audace tranche avec la prudence du dénouement : Marivaux révèle dans ce divertissement la hardiesse et la modernité de ses convictions. Il remet en cause l'ordre que le dénouement semblait vouloir réinstaurer et se montre soudain plus subversif.

1. Sous l'Ancien Régime, c'est-à-dire avant la Révolution de 1789, on considérait que le monarque – et d'une certaine manière l'ensemble des nobles – était l'élu de Dieu. La Monarchie et la Noblesse étaient dites « de droit divin ».

4 Les personnages

L'ORIGINE ET LE NOM DES PERSONNAGES

Comme tout texte de théâtre, *L'Île des esclaves* s'ouvre sur la liste des personnages qui seront présents sur scène. Cette didascalie[1] placée au seuil de l'ouvrage joue un rôle capital : elle prépare la lecture que nous pouvons faire de la pièce, oriente notre approche en révélant d'emblée l'identité des personnages. Un lecteur attentif sera sensible aux particularités onomastiques[2] de cette liste : il remarquera que les noms choisis par le dramaturge sont de consonances différentes, que leurs origines ne sont pas les mêmes.

Trois personnages d'origine grecque

Trois des cinq personnages qui composent *L'Île des esclaves* ont un nom d'origine grecque : Iphicrate, Euphrosine et Cléanthis.

Iphicrate

Marivaux n'a pas choisi le nom du maître au hasard. Étymo-logiquement, Iphicrate est « celui qui règne par la force », celui qui impose le pouvoir par la violence[3]. De nombreux éléments du texte prouvent que ce nom est parfaitement adapté à la personnalité du jeune noble. Dans la première scène de la pièce, l'esclave révolté ne se laisse pas amadouer par les paroles faussement affectueuses de

1. Tout texte de théâtre est constitué de deux éléments : le dialogue et les indications que fournit l'auteur : liste des personnages, repères des actes et des scènes, évocations des décors et des lieux, des déplacements et des gestes, etc. Ces indications constituent les didascalies.

2. En linguistique, l'onomastique est l'étude des noms propres. L'origine d'un nom, sa signification et ses consonances sont des particularités onomastiques.

3. Le nom du maître est composé des termes grecs *iphis*, la force et *crate*, le pouvoir.

son maître. Il dénonce la violence dont il est victime en rappelant que les « marques » d'amitié d'Iphicrate « tombent toujours sur [ses] épaules » (sc. 1). À la fin de la scène, l'insolence de l'esclave pousse le maître dans ses derniers retranchements : désespéré, outragé, ce dernier dégaine « l'épée » pour châtier le rebelle. L'épée et le gourdin ont valeur de symbole : ils incarnent la violence qui permet au maître d'asseoir son autorité ; ils sont les emblèmes tristement évocateurs d'une volonté de puissance, abusive et tyrannique. Les lois qui régissent la vie sociale de l'île privent cependant Iphicrate de ses prérogatives. Le jeune maître est déchu de son grade, dépouillé de ses biens : le gourdin, resté « dans la chaloupe » (sc. 1) est inutilisable ; l'épée, prestigieux attribut du pouvoir, est confiée à l'esclave longtemps méprisé.

Euphrosine

La violence n'est pas le principe qui régit les relations établies entre Euphrosine et son esclave Cléanthis. En attribuant à la jeune maîtresse un nom qui signifie « la joie » ou « emplie de joie », le dramaturge a d'autres intentions. Il entend d'abord suggérer l'insouciance d'une aristocrate « Vaine, minaudière et coquette [...] » (sc. 3) qui consacre son existence aux plaisirs. Le portrait que Cléanthis brosse d'Euphrosine ne laisse aucun doute : les jeux de l'amour, le souci de plaire, la galanterie ou les émois du cœur étaient, à Athènes, l'essentiel de la vie de « Madame ». Aucun autre souci n'y avait de place ; aucune autre préoccupation ne pouvait l'en détourner. Vaniteuse, orgueilleuse, égoïste et narcissique, Euphrosine était alors exclusivement tournée vers l'univers étroit de ses propres sentiments.

En adoptant, malgré elle, l'identité, les vêtements et le statut de Cléanthis, Euphrosine perd ses privilèges et sa joyeuse insouciance. Son ancien nom peut être ainsi perçu comme une antiphrase ironique : Euphrosine n'est plus « emplie de joie » ; son « infortune » la rend, au contraire, chagrine et malheureuse. À la vaniteuse gaieté de la coquette répond le désespoir de la femme déchue.

Cléanthis

L'esclave d'Euphrosine possède également un nom d'origine grecque : en attribuant ce nom à l'un de ses personnages, Marivaux se souvient *d'Amphitryon,* comédie de Molière publiée en 1668 dans laquelle une servante se nomme précisément Cléanthis. Placée au service d'Alcmène, jeune noble romanesque et mélancolique, Cléanthis est une femme exigeante, coléreuse et vindicative. Qui a lu *Amphitryon* – et c'était souvent le cas des spectateurs de Marivaux – ne découvre pas la liste des personnages de *L'Île des esclaves* sans avoir une pensée pour la servante de Molière : comme elle, la jeune Cléanthis de Marivaux sait se faire entendre. Elle fustige les mœurs de sa maîtresse, dénonce ses caprices, malmène son amour-propre avec audace et virulence. En infligeant à Euphrosine l'épreuve du portrait, Cléanthis joue un rôle déterminant dans la « réforme » de sa maîtresse. Elle tend à la coquette le miroir qui lui permettra de corriger ses fautes. Elle l'oblige à changer.

Le fait que le nom « Cléanthis » soit composé des racines grecques *kléos,* la gloire et *anthos* la fleur n'est pas anodin. Cette étymologie contribue à valoriser le personnage dont l'interprétation fut initialement confiée à la belle Silvia[1]. Cléanthis n'est pas, telle Euphrosine, placée sous un jour défavorable : franche et directe, elle s'épanouit pleinement et se présente comme l'héroïne de la pièce.

Deux personnages issus de la *commedia dell'arte*

Aux noms d'origine grecque à l'étymologie savante s'opposent deux noms de personnages directement issus de la comédie italienne : Arlequin et Trivelin.

Arlequin

Le nom que le dramaturge attribue à l'esclave d'Iphicrate ne renvoie pas à l'Antiquité grecque. Hérité de la *commedia dell'arte,* il appartient au monde du théâtre.

1. L'actrice italienne Gianetta Benozzi (dite Silvia), interprète privilégiée de Marivaux, était réputée pour sa grâce et son rayonnement.

Lorsque Marivaux a, pour la première fois, recours au personnage d'Arlequin, ce dernier possède déjà une longue histoire. Né en Italie au XVIe siècle[1], Arlequin est un valet bouffon et fantasque, facétieux ou naïf qui oscille souvent entre l'insolence et la stupidité. Le retour des comédiens italiens en 1716 et la personnalité de l'acteur Tomaso Vicentini, dit Thomassin[2], vont inciter maints dramaturges français à le mettre en scène[3]. Marivaux ne déroge pas à cette règle. Arlequin, qui est l'une des figures majeures de son théâtre, est un personnage aux multiples facettes : il est l'amant ingénieux *d'Arlequin poli par l'amour* (1720), l'amoureux ingénu de *La Double Inconstance* (1723), le valet confident de son maître dans *Le Jeu de l'amour et du hasard* (1730). Dans *L'Île des esclaves,* Arlequin est assez proche de ses origines italiennes. La bouteille de vin qu'il arbore et le chant qu'il entonne dès la scène d'exposition peuvent être considérés comme les emblèmes du personnage : Arlequin est à la fois paresseux et gai, enthousiaste et rétif. Il aime s'enivrer. Il aime rire, de lui-même et des autres : il est le bouffon de la pièce.

En changeant de vêtements, de nom et de condition, le personnage ne change pas de caractère. Jamais il ne se laisse véritablement griser par le pouvoir qui lui est accordé ; jamais les honneurs ne lui tournent la tête ; jamais il ne se départit de sa naturelle bouffonnerie. L'échange des rôles est pour lui un jeu qui exclut le désir de vengeance et la cruauté. Sous la livrée du maître, Arlequin reste désinvolte et facétieux.

Trivelin

Le personnage auquel Marivaux confie le soin de gouverner « l'Île des Esclaves » est également issu de la comédie italienne. Trivelin, dont le personnage fut créé au cours du XVIIe siècle, était à l'origine

---

1. La comédie italienne a véritablement donné une dimension théâtrale à ce personnage. Mais il possède, en réalité, des origines populaires et folkloriques beaucoup plus anciennes.

2. Cet acteur d'une grande agilité physique était capable, dit-on, d'effectuer une pirouette sans renverser le verre d'eau qu'il tenait à la main.

3. Les dramaturges Delisle de la Drevetière (1682-1756) et Lesage (1668-1747) consacrèrent, par exemple, plusieurs pièces au personnage d'Arlequin. Citons pour mémoire les œuvres publiées en 1720 qu'ils intitulèrent respectivement *Arlequin sauvage* et *Arlequin, roi des Ogres.*

un valet insolent, fourbe et rusé qui n'est pas sans rappeler le Scapin de Molière. Le personnage de Trivelin apparaît à plusieurs reprises chez Marivaux, entre 1720 et 1725, dans les pièces qui précèdent *L'Île des esclaves.* Le dramaturge se conforme alors à la tradition en lui attribuant des rôles de domestique habile et zélé[1]. Avec *L'Île des esclaves*, le personnage change de statut. Il ne dépend plus d'un maître ; il n'est plus un subalterne : gouverneur de l'île, garant d'un mode de vie, il est un être autonome, respectable et respecté.

LE SYSTÈME DES PERSONNAGES

La liste des personnages sur laquelle s'ouvre la pièce révèle — nous venons de le voir — l'origine et l'identité des personnages. Pour essentielle qu'elle soit, cette didascalie ne nous renseigne pas complètement sur la nature des relations qui unissent les personnages entre eux. Une lecture attentive de la pièce peut, seule, nous permettre d'aller plus loin.

Deux catégories distinctes

Les cinq personnages qui composent *L'Île des esclaves* peuvent être répartis en deux catégories distinctes : celle des insulaires, dont Trivelin est l'unique représentant sur scène, et celle des quatre naufragés originaires d'Athènes. Outre Trivelin, véritable arbitre des épreuves que subiront les naufragés, ce sont des couples que Marivaux choisit de mettre en scène : couples d'hommes et de femmes, couples de maîtres et d'esclaves dont les liens se nouent et se dénouent au fil des scènes.

Une série de permutations

Les relations qui unissent les quatre naufragés originaires d'Athènes sont, en effet, sujettes au changement. Les règles édictées par Trivelin, le jeu des sentiments et des rapports de force rendent instables les liens qui les unissent. Leur vie relationnelle est délibérément placée sous le signe de l'inconstance.

1. C'est particulièrement vrai dans les pièces intitulées *La Double Inconstance* (1723) et *La Fausse Suivante* (1724).

Dans les premières scènes de la pièce, les personnages sont associés selon leur sexe, et non selon leur condition sociale : aux deux hommes que présente la scène d'exposition répond, dans la scène 3, le couple féminin d'Euphrosine et de Cléanthis. Sous l'impulsion de Trivelin et des lois qu'il représente, ces associations de personnages, ces couples en conflit vont progressivement se dissoudre. L'échange des vêtements, des rôles et des noms porte atteinte aux relations qui unissent, depuis longtemps, Arlequin et Iphicrate, Cléanthis et Euphrosine. Un équilibre quasi consensuel est rompu ; des valeurs séculaires s'effritent ; deux couples se désagrègent.

À partir de la scène 6, d'autres couples se créent : Arlequin et Cléanthis d'une part ; Iphicrate et Euphrosine de l'autre. Des êtres s'assemblent, qui ne se connaissaient pas avant d'arriver sur l'île.

Arlequin et Cléanthis, devenus respectivement maître et maîtresse, sont désormais solidaires l'un de l'autre. Ils ne s'unissent pas pour défendre leur position sociale : ils souhaitent, plus simplement, jouir ensemble du plaisir que leur procure ce nouveau statut. En jouant une scène d'amour à la manière du « grand monde », Cléanthis et Arlequin ne se contentent pas d'imiter ou de parodier les manières raffinées des gens de condition : ils créent une situation factice dans laquelle ils feignent de devenir un couple. Ce faisant, ils constituent aussi un duo d'acteurs.

Réduits au silence, humiliés, déchus de leurs prérogatives, Iphicrate et Euphrosine sont unis par un même destin. Au cours de la scène 6, l'un et l'autre sont spectateurs de la petite comédie des nouveaux maîtres. Mais jamais ils ne se trouvent placés en situation de dialogue : pas un mot n'est échangé entre eux, pas une impression n'est partagée, aucune idylle ne voit le jour. Cette absence de relation est significative : elle tend à montrer que l'esclavage est privation de la parole, négation du droit à l'expression et au bonheur. Rien ne vient adoucir l'épreuve à laquelle les anciens maîtres sont soumis.

À la fin de la scène 6, Arlequin et Cléanthis décident de courtiser leurs anciens maîtres. Ils imaginent de nouveaux modes de relation ; d'autres couples se forment. La scène 8 est ainsi placée sous le signe d'une rencontre, encore inédite, entre Euphrosine et Arlequin. Ce dernier déclare ses sentiments à la jeune femme puis se laisse attendrir par la détresse sincère qu'elle exprime. Arlequin comprend, à ses dépens, que l'amour est impossible entre des êtres de conditions très différentes. Son silence – le premier de la pièce – annonce un imminent retour à la situation initiale.

Le dénouement conçu par le dramaturge permet aux couples sur lesquels s'était ouverte la pièce de se reconstituer : Arlequin retrouve Iphicrate et Cléanthis accepte, non sans difficultés, de renouer les liens qui l'unissaient à Euphrosine. Cet apparent retour à la situation de départ n'est cependant pas la négation des transformations orchestrées par Trivelin. Les maîtres ne recouvrent leur identité et leur condition que parce qu'ils ont changé. En avouant leurs torts, Iphicrate et Euphrosine ne renoncent pas simplement à « la langue d'Athènes » (sc. 1) : ils rendent possible le pardon réciproque sans lequel les relations entre maîtres et valets sombreraient dans l'indifférence, la violence ou le ressentiment.

L'IDENTITÉ DES PERSONNAGES

Des personnages à l'identité menacée

Les personnages originaires d'Athènes subissent, au cours de leur séjour dans l'île, un double changement d'identité. À la permutation des rôles qu'impose Trivelin au début de la pièce, répond, en fin de partie, un apparent retour à l'ancien ordre social.

Le nom

L'aliénation que subissent les naufragés se manifeste d'abord par la perte de leur nom. Être dépossédé de son nom, c'est être privé d'identité, ne plus avoir d'existence sociale.

Lorsqu'ils vivaient encore à Athènes, Iphicrate et Euphrosine dévalorisaient leurs esclaves en les affublant de sobriquets et de noms grotesques. Arlequin s'appelait « quelquefois Hé » (sc. 2) ; Cléanthis était surnommée « Sotte, Ridicule, Bête, Butorde, Imbécile » (sc. 3). L'esclave n'avait, aux yeux du maître, aucune identité propre, et la disparition de son nom était négation de son humanité.

La permutation des rôles qu'impose la législation de l'île entraîne des changements d'identité. Arlequin, devenu maître, se nomme désormais Iphicrate : il retrouve un nom et une dignité. Les anciens maîtres sont, en revanche, soumis à l'épreuve de la dépersonnalisation et de la perte de soi. Privés de leurs noms, de leurs vêtements ou de leurs attributs (l'épée, le gourdin), ils sont condamnés à la soumission, au silence et à l'exclusion.

La parole

Le changement d'identité modifie totalement la façon dont les personnages communiquent et s'expriment.

La perte du nom s'accompagne, chez les anciens maîtres, d'une disparition presque totale de la prise de parole. Après l'échange des rôles, Euphrosine et Iphicrate sont réduits au silence. C'est à peine si la jeune femme parvient à supporter les propos qu'elle entend. Elle voudrait se taire, se retirer, disparaître : « Hélas ! que voulez-vous que je lui réponde, dans l'étrange aventure où je me trouve ?» ; « Je vous prie, Monsieur, que je me retire, et que je n'entende point ce qu'elle va dire.» ; « Je ne sais où j'en suis.» (sc. 3).

Ces derniers mots suffisent à exprimer le trouble qu'éprouve Euphrosine, le désarroi qui la gagne. La coquette, soumise à l'épreuve du portrait, ne sait où elle en est, ni même qui elle est[1]. Elle est, littéralement, dépossédée d'elle-même.

En devenant maître et maîtresse, Arlequin et Cléanthis acquièrent, en revanche, le droit à la parole. Ils accèdent au langage ; ils sortent de la soumission muette dans laquelle la servitude les tenait enfermés. Ce don de la parole transforme, pour un temps, l'existence et le comportement des deux personnages. Arlequin jubile et se permet d'être « un petit brin insolent, à cause [qu'il est] le maître » (sc. 5). Cléanthis puise dans le langage les moyens d'une vengeance libératrice : elle exprime son ressentiment, donne libre cours à la

1. L'expression « Je ne sais où j'en suis » – ou ses variantes « Où suis-je ?», « Je ne sais plus où je suis » – est un véritable *leitmotiv* dans l'œuvre de Marivaux.

colère qui l'anime. Le portrait qu'elle brosse d'Euphrosine au cours de la scène 3 est ainsi marqué par la véhémence de sa prise de parole : la jeune femme multiplie les tirades virulentes, les phrases acerbes, les ordres et les réprimandes. Elle se laisse emporter, griser par le pouvoir des mots : elle se croit maîtresse de son destin et du destin d'Euphrosine parce qu'elle maîtrise le langage

Les masques

En réalité, Cléanthis n'est pas devenue Euphrosine ; Arlequin n'est pas réellement Iphicrate. Les vêtements qu'ils ont endossés ne constituent qu'un déguisement ; les fonctions auxquelles ils ont accédé ne sont que des rôles ; l'identité qui leur est attribuée est d'abord un masque. Derrière les noms et les manières souvent précieuses d'Euphrosine et d'Iphicrate se dissimulent la véritable Cléanthis et le véritable Arlequin. Ces derniers ne parviennent pas à se glisser totalement dans la peau de leurs maîtres. L'ancien esclave s'avère incapable d'imiter Iphicrate sans sombrer dans la pitrerie ou la caricature. Son attitude au cours de la scène de séduction galante (sc. 6) est sur ce point très significative : Arlequin ne peut employer le langage soutenu des maîtres sans le dénaturer et rire de sa propre bouffonnerie. Pour lui, la permutation des rôles est un jeu plus qu'un réel changement d'identité.

Cléanthis s'accommode, en revanche, fort bien de son nouveau statut. Elle prend l'affaire au sérieux et semble se départir aisément de son ancienne existence. Au cours du dénouement, la jeune femme change cependant d'attitude. Elle adresse une ultime diatribe aux « honnêtes gens du monde » (sc. 10), fustige une dernière fois la fausseté des maîtres, puis dépose les armes. Elle accepte alors de pardonner, d'oublier ; retire le masque qu'elle avait si volontiers porté. La voici redevenue Cléanthis.

Une présence immuable : Trivelin

Tous les personnages de *L'Île des esclaves* ne sont pas frappés par la permutation des rôles et la perte d'identité. Trivelin échappe à cette règle : il ignore les affres de la dépersonnalisation, le désordre qui s'empare des êtres soumis aux lois du changement. Ces troubles lui sont étrangers.

Son existence est, au contraire, placée sous le signe de la permanence. Le gouverneur de l'île est d'une humeur constante. Il reste, de l'exposition au dénouement de la pièce, d'une bienveillante fermeté envers les naufragés. C'est lui qui organise et dirige l'épreuve ; c'est lui qui donne les ordres : il est ce maître du jeu, fiable et clairvoyant, que les autres suivent, écoutent et respectent. Dans le monde soumis aux aléas du changement et aux caprices du hasard[1] que met en scène Marivaux, Trivelin fait figure de référence immuable, de repère stable et sécurisant.

Mais cette qualité possède son revers. Le gouverneur de l'île est un être moins complexe, et sans doute moins intéressant, que les personnages du quatuor qu'il dirige. Le rôle que joue Trivelin dans *L'Île des esclaves* est certes plus important que celui qui lui était attribué dans les précédentes comédies de Marivaux. Il n'empêche que ce personnage est réductible à sa fonction. Il ne participe pas directement à l'épreuve qu'il organise et reste extérieur à l'intrigue. Metteur en scène, et non acteur, il ne vit aucune aventure personnelle. Son rôle de médiateur fait de lui le faire-valoir des autres personnages. Trivelin n'est là que pour aider autrui à se guérir de lui-même : il s'efface lorsqu'il y parvient.

---

1. Le hasard joue pour Marivaux un rôle essentiel dans l'existence. Il la façonne à son gré, construit et déconstruit nos vies. Au cours de la scène 6, Cléanthis reconnaît qu'elle est devenue maîtresse « par hasard ». Elle se demande même si ce n est pas « le hasard qui fait tout ».

5 L'espace

La question de l'espace dans *L'Île des esclaves* ne se limite pas à l'évocation du lieu — ou des lieux — dans lesquels se déroule l'action. L'île dont il est question dans le titre n'est pas l'unique référence spatiale de la pièce. À cet espace scénique que les didascalies, les décors et les dialogues contribuent à définir s'oppose le lointain pays dont les personnages sont originaires.

ATHÈNES: LIEU DE RÉFÉRENCE

Athènes n'est pas le lieu dans lequel évoluent les personnages. Cette ville n'est l'objet d'aucune représentation scénique : elle est un « ailleurs » que les protagonistes de l'action se contentent d'évoquer.

Un lieu clairement identifié

Dès les premières répliques de la pièce, lecteurs et spectateurs apprennent qu'Arlequin et Iphicrate sont originaires d'Athènes. Les deux personnages font, en effet, maintes fois allusion au pays dans lequel ils vivaient avant leur naufrage. Conscient des périls qu'il encourt, le jeune maître exprime, par exemple, sa crainte de ne jamais revoir Athènes : « [...] si je ne me sauve, je suis perdu ; je ne reverrai jamais Athènes [...] » (sc. 1). Arlequin évoque à son tour, sans nostalgie, le pays qu'ils ont laissé derrière eux : « Ah ah, vous parlez la langue d'Athènes, mauvais jargon que je n'entends plus [...] Dans le pays d'Athènes, j'étais ton esclave [...] » (sc. 1).

L'origine des naufragés est confirmée dans la seconde scène de la pièce par Trivelin, le gouverneur de l'île. Ce dernier laisse entendre qu'insulaires et nouveaux venus ont des racines communes. Les habitants de l'île sont, dit-il, les descendants d'esclaves grecs révoltés contre leurs maîtres. En évoquant l'origine de ses concitoyens, Trivelin invite implicitement Arlequin et Cléanthis à se libérer de ceux qui les oppriment. Le passé des insulaires préfigure l'avenir immédiat des quatre naufragés.

Un lieu de division

Maîtres et valets ne perçoivent cependant pas le pays dont ils proviennent de façon similaire. Iphicrate et Euphrosine, qui jouissaient en Grèce d'une situation confortable souffrent de l'exil qui leur est imposé. Le jeune maître affirme par exemple, à plusieurs reprises, son désir de revoir Athènes pour recouvrer ses privilèges. La Grèce est le centre hors duquel Iphicrate est dépossédé de lui-même. L'éloignement est pour lui douleur et perte d'identité.

Arlequin et Cléanthis ont une tout autre perception d'Athènes où ils étaient esclaves. Aucun des deux ne rêve d'un retour en Grèce : le pays dont ils viennent est celui de l'oppression, du mépris et de la privation. Le naufrage et la découverte de l'île s'apparentent pour eux, dès lors, à une renaissance. Dès l'exposition de la pièce, Arlequin affirme ne plus entendre, c'est-à-dire comprendre, « la langue d'Athènes » (sc. 1). Il évoque ce monde désormais lointain au passé, refusant d'admettre que l'ancien ordre social puisse survivre au naufrage vécu par les personnages.

Le « pays d'Athènes » est présenté dans *L'Île des esclaves* de façon négative. La ville grecque était jadis un lieu de division et d'iniquité, le symbole même de la cruauté que supposent les rapports de domination.

Un lieu de convention

En écrivant *L'Île des esclaves,* Marivaux n'eut pourtant nulle intention de fustiger les mœurs de la Grèce antique ou moderne. En réalité, Athènes est un lieu de convention qui permet au dramaturge d'évoquer les réalités de son propre pays et de sa propre époque sans s'exposer pleinement aux dangers de la censure.

Bien des éléments du texte révèlent d'ailleurs cette transposition spatiale :

– Tous les personnages de la pièce n'ont pas, en dépit de leur provenance, des noms d'origine grecque. Arlequin est, par exemple, l'une des figures traditionnelles de la Comédie italienne. En associant le nom de ce bouffon à celui d'Iphicrate, Marivaux donne à son texte une dimension parodique et banalise la référence à Athènes.
– On chercherait par ailleurs en vain des indices capables de suggérer la lointaine présence d'Athènes. Outre le nom de la ville, rien ne justifie le choix de cette localisation. Marivaux ne fait nullement référence aux lieux, aux monuments, aux événements ou aux personnages historiques auxquels le nom d'Athènes est universellement associé.
– Maints éléments de détail renvoient, en revanche, aux réalités contemporaines de Marivaux. Les conditions de vie d'Euphrosine, que Cléanthis évoque au cours de la scène 3, font clairement allusion au XVIIIe siècle français.

L'évocation d'Athènes, pour conventionnelle qu'elle soit, joue cependant un rôle essentiel dans *L'Île des esclaves*. Elle est une référence négative, un « ailleurs » résolument déprécié, destiné à mettre en valeur l'espace scénique, le lieu dans lequel se déroule l'action.

L'ÎLE, ESPACE UTOPIQUE

L'espace scénique

L'Île des esclaves est l'une des rares œuvres de Marivaux dont le titre désigne un lieu. Avant la lecture de la pièce ou le lever de rideau, lecteurs et spectateurs savent déjà qu'une île jouera dans l'histoire un rôle important. Mais ils ignorent encore où se déroule précisément l'action. Les didascalies répondent clairement à l'attente du lecteur : « La scène est dans l'Île des Esclaves. Le théâtre représente une mer et des rochers d'un côté, et de l'autre quelques arbres et des maisons.» Ces indications se trouvent confirmées dans les premières répliques de la scène d'exposition. Par leurs propos, Iphicrate et Arlequin nous apprennent qu'ils sont « seuls échappés [d'un] naufrage » (sc. 1) et qu'ils se trouvent sur une île. L'évocation de la tempête, de la mer, des rochers ou des « cases » qui abritent les insulaires contribue à façonner le cadre spatial dans lequel s'inscrit la fiction.

Un lieu d'épreuves et de réconciliation

L'île sur laquelle les naufragés se sont échoués est d'abord, comme Athènes, l'objet de deux perceptions antithétiques. Arlequin et Cléanthis comprennent rapidement la chance qu'ils ont de se trouver ainsi, après des années de servitude, sur une île peuplée d'anciens esclaves révoltés contre leurs maîtres. En découvrant les lois qui régissent la vie sociale de cette île, Iphicrate et Euphrosine ont, en revanche, le sentiment de vivre un second naufrage : le lieu dans lequel ils se trouvent est négation de leurs privilèges, de leur statut social, de leur identité. Au début de la pièce, le jeune maître n'a cependant pas perdu tout espoir de fuir : « ne négligeons rien pour nous tirer d'ici ; si je ne me sauve, je suis perdu [...] » (sc. 1). Dès la scène suivante, Trivelin met cependant un terme à cet espoir : « Au reste ne cherchez point à vous sauver de ces lieux, vous le tenteriez sans succès, et vous feriez votre fortune plus mauvaise [...] » (sc. 2). Par ses propos, le gouverneur rappelle aux quatre naufragés que l'île est un espace clos dont on ne peut s'échapper. Bordée de rochers hostiles, coupée du reste du monde par une mer tourmentée, elle est un lieu d'affrontements et de mises à l'épreuve.

En dépit des difficultés auxquelles les personnages se trouvent confrontés, l'île est délibérément placée par le dramaturge sous le signe de la réunion et de l'équité. Elle est d'abord le lieu qui permet aux Athéniens de renouer avec d'anciens compatriotes : en retrouvant les descendants d'esclaves grecs insurgés contre leurs maîtres, Iphicrate et ses compagnons redécouvrent l'histoire de leur propre peuple ; ils tissent un lien avec leur propre passé, renouent avec leurs origines.

Les quatre naufragés comprennent également, peu à peu, que l'île n'est pas le lieu sauvage, barbare et menaçant qu'ils pensaient initialement avoir atteint. Trivelin la présente comme un lieu de transition, de cure qui leur permettra de devenir « humains, raisonnables et généreux » (sc. 2). Dans les deux dernières scènes de la pièce l'île devient, conformément aux paroles de son gouverneur, un lieu de tolérance et de paix. En pardonnant à leurs maîtres, les anciens esclaves abandonnent sciemment la logique du conflit dans laquelle l'iniquité les avait installés. Dans un élan d'authentique fraternité, maîtres et valets se retrouvent et s'enlacent. L'île est à la fois le ferment de cette transformation et le cadre de sa réalisation.

Le lieu de l'utopie

On remarquera néanmoins que « l'Île des Esclaves » n'est l'objet d'aucune localisation. Ni les didascalies, ni les propos des personnages ne permettent de s'en faire une idée précise ou de la situer sur la carte du monde. Cette île est à la fois partout et nulle part : elle est une *utopie.*

Ce terme n'était pas étranger aux contemporains de Marivaux. Apparu pour la première fois en 1516 sous la plume du penseur anglais T. More[1], il désigne une société idéale, un monde où les hommes vivent en harmonie. Entre 1516 et 1725, date à laquelle Marivaux publie *L'Île des esclaves,* de nombreux écrivains ont, à l'instar de Rabelais ou Fénélon, conçu des utopies. Comme T. More, la plupart d'entre eux les ont inscrites dans le cadre privilégié d'une île imaginaire. Dans le roman intitulé *Les Effets surprenants de la sympathie* (1712-1713), Marivaux avait lui-même proposé sa première utopie. Rêvant d'un monde meilleur, d'une société plus juste, il en conçoit une seconde, en 1725, avec *L'Île des esclaves.*

L'île mise en scène par Marivaux n'a pas de véritable nom. Elle n'est l'objet d'aucun ancrage géographique, d'aucune description. Elle est, comme le suggère le sens étymologique du terme « utopie[2] », un lieu que l'on ne trouve en aucun lieu, un « endroit qui n'existe nulle part ». Cette île imaginaire permet au dramaturge d'exprimer des idées souvent subversives sans s'exposer aux vindictes de la censure. Elle est, à proprement parler, un espace de liberté.

---

1. Thomas More (1478-1535) a présenté dans *Utopia* un système de gouvernement qu'il jugeait idéal.

2. Du grec *ou*, non, et *topos*, lieu.

6 Le temps

CONVENTIONS ET ANACHRONISMES

Une convention : l'époque de la Grèce antique

Nous avons vu que tous les personnages de la pièce sont originaires d'Athènes. En faisant référence à la pratique de l'esclavage, le dramaturge inscrit l'action dans le cadre temporel de la Grèce antique : parce qu'ils possèdent des esclaves, et non de simples serviteurs comme c'était le cas à l'époque de Marivaux, Iphicrate et Euphrosine semblent être des personnages de l'Antiquité.

Cette inscription dans le temps est néanmoins des plus fantaisiste. Aucune date, aucun repère temporel ne permet de situer avec précision l'époque à laquelle se déroule l'action. Jamais le dramaturge ne fait allusion au mode de vie des Athéniens ; jamais il ne cède à la tentation de décrire, comme l'a fait avant lui Fénelon dans *Les Aventures de Télémaque*[1], une île de l'Antiquité. *L'Île des esclaves* est exempte de toute coloration historique.

Le cadre temporel dans lequel s'inscrit la fiction n'est qu'une convention, une sorte de travestissement destiné à masquer les intentions de Marivaux. Ce dernier feint de s'intéresser à la Grèce antique pour fustiger les mœurs de son temps sans s'exposer aux dangers de la censure : il opère ainsi, non sans habileté, un glissement temporel, une transposition d'époque.

1. Ce roman de Fénelon jouissait à l'époque de Marivaux d'un immense succès. L'auteur y narre la vie aventureuse de Télémaque parti à la recherche de son père Ulysse. Ce récit est l'occasion de décrire les îles, austères ou accueillantes, réelles ou imaginaires, que découvre son héros.

Des références anachroniques

Cette transposition permet au dramaturge de suggérer, de façon plus ou moins détournée, les réalités qui lui sont contemporaines. Plusieurs détails de la pièce renvoient clairement à l'époque de son énonciation : les « gants » que « Madame » retire devant le « cavalier » dont elle est éprise ou le « corset appétissant » qui révèle ses charmes[1] sont autant d'allusions aux modes vestimentaires du XVIIIe siècle. Le portrait de la coquette brossé par Cléanthis au cours de la scène 3, puis celui du maître vaniteux (sc. 5) évoquent également les mœurs galantes de cette époque. La coquetterie d'Euphrosine, ses minauderies, sa « mignardise », ses « petites contorsions », ses troubles affectés ne renvoient pas à la vie rustique de la Grèce antique : elles sont l'expression, à peine caricaturale, des comportements aristocratiques de la Régence, période dominée par la vie fastueuse de la cour, la liberté des mœurs et le libertinage. En jouant une scène d'amour à la manière du « grand monde » (sc. 6), Arlequin et Cléanthis ne font pas que parodier leurs maîtres. Ils révèlent aussi les codes raffinés et artificiels sur lesquels repose la séduction galante. Leurs amours feintes sont le miroir à peine déformé des stratégies sentimentales d'un jeune noble et d'une coquette du XVIIIe siècle.

Bien des exemples pourraient compléter cette démonstration. Tous montreraient que l'Antiquité est un cadre conventionnel qui n'empêche nullement le dramaturge de faire discrètement référence à la société dans laquelle il vit. Chacune de ces allusions est cependant anachronique : elle établit une sorte de confusion temporelle entre deux époques.

DES INDICATIONS DE DURÉE

Les repères temporels que comporte la pièce de Marivaux ne renvoient pas seulement à une période historique. Ils permettent égale-

1. Ces anecdotes sont évoquées par Cléanthis au cours de la scène du portrait (sc. 3). Euphrosine feint de vouloir changer de gants pour dévoiler la beauté de ses mains. Elle a par ailleurs choisi une robe dont le « corset », c'est-à-dire la partie haute, est ajusté de manière à mettre son corps en valeur.

ment de définir la durée de l'action dramatique, de déterminer les étapes de sa progression, d'indiquer simplement le passage du temps[1].

Le séjour des insulaires

Les premières indications de durée présentes dans la pièce ne concernent pas directement le séjour sur l'île des quatre naufragés. Elles renvoient explicitement à l'histoire de la petite république que gouverne Trivelin, aux fondements mêmes de « l'Île des Esclaves ». Elles jouent ainsi le rôle d'analepses[2].

Dans les premières répliques de la scène d'exposition, Iphicrate apprend à Arlequin que les insulaires « sont des esclaves de la Grèce révoltés contre leurs maîtres [...] » établis « depuis cent ans » sur l'île. Dans la scène suivante, Trivelin fournit aux naufragés des précisions complémentaires :

> Quand nos pères, irrités de la cruauté de leurs maîtres, quittèrent la Grèce et vinrent s'établir ici, [...] la première loi qu'ils y firent fut d'ôter la vie à tous les maîtres que le hasard ou le naufrage conduirait dans leur île [...] : la vengeance avait dicté cette loi ; vingt ans après, la raison l'abolit, et en dicta une plus douce [...].

Cette seconde indication de durée n'est pas dépourvue de signification : elle prouve d'abord que « l'Île des Esclaves » est une jeune république. Les lois qui la régissent ne remontent pas à un passé intemporel : elles sont l'objet d'une détermination relativement récente. Au fil du temps, les insulaires ont admis qu'il valait mieux corriger et éduquer les maîtres que les tuer. C'est dire combien leurs mœurs ont évolué. L'île que gouverne Trivelin est placée sous le double signe de l'éveil des consciences et du progrès.

Le séjour des naufragés

Plusieurs indications temporelles rappellent au lecteur que le séjour sur l'île des quatre naufragés s'inscrit aussi dans une durée.

---

1. On veillera donc à ne pas confondre la *durée de la représentation* (qui peut durer, selon les mises en scène, entre une et deux heures) et *la durée de l'action représentée.* Ce second point retiendra seul notre attention.

2. L'analepse est un procédé qui consiste à évoquer, après coup, un événement antérieur à l'histoire. Il s'agit, en d'autres termes, d'une « rétrospection » ou d'un « flash-back » (terme employé au cinéma).

Dans la seconde scène de la pièce, Trivelin explique à Euphrosine et Iphicrate que l'« esclavage », ou plus exactement le « cours d'humanité » qu'il fait généralement subir aux maîtres, « dure trois ans ». Se tournant vers Arlequin et Cléanthis, le gouverneur de l'île ajoute que les anciens esclaves ont, d'autre part, « huit jours » pour se réjouir de leur changement d'état. Après quoi on leur donne, « comme à tout le monde, une occupation convenable. »

La pièce de Marivaux ne comporte pas d'autres indications de durée[1]. Nous ne savons pas exactement combien de temps s'écoule entre le naufrage des Athéniens et l'annonce de leur libération. Les repères temporels fournis par Trivelin (« trois ans », « huit jours »), pour précis qu'il soient, sont sans rapport avec la durée réelle de l'action dramatique : la réforme d'Iphicrate et Euphrosine ne dure pas « trois ans » et la jubilation des nouveaux maîtres est bien inférieure aux huit journées qui leur sont allouées. En réalité, lecteurs et spectateurs ont le sentiment que les faits représentés au cours de la pièce s'inscrivent dans un temps relativement bref. Au début de la scène 11, Trivelin constate par exemple, avec surprise, que les naufragés se sont déjà réconciliés. Le fait que cette courte pièce de Marivaux ne comporte qu'un seul acte renforce, par ailleurs, cette impression de brièveté.

En renonçant aux repères qui permettent généralement d'inscrire la fiction dans une durée, Marivaux donne à *L'Île des esclaves* la dimension allégorique d'une fable et dévoile habilement ses intentions : il prouve que la progression dramatique de la pièce dépend essentiellement de l'évolution intérieure des personnages. Pour lui, l'essentiel n'est pas la durée de l'action mais l'éveil des consciences et des cœurs. Seule compte l'accession à la vertu, à la raison et à la tendresse.

LES PERSONNAGES ET LE TEMPS

L'étude du temps dans un texte littéraire ne passe pas seulement par l'analyse détaillée de ces repères temporels que sont les

1. À l'exception toutefois du repère temporel que contient l'ultime intervention de Trivelin : « Vous partirez dans deux jours, et vous reverrez Athènes » (sc. 11).

adverbes ou les compléments circonstanciels. Les temps verbaux jouent également un rôle déterminant. Ils permettent de cerner la façon dont les personnages perçoivent le présent, le passé ou l'avenir.

Le futur

Le futur est le temps verbal auquel Marivaux a le moins souvent recours dans *L'Île des esclaves.* Chacune de ses apparitions dans le texte est néanmoins porteuse de signification.

Le premier verbe de la pièce est précisément au futur : « Que deviendrons-nous dans cette île ? » En posant cette question, Iphicrate exprime sa peur de l'avenir : le naufrage qu'il vient de subir et sa présence sur une île gouvernée par d'anciens esclaves le placent dans une situation quasiment insupportable. Le jeune maître craint le pire. La réponse d'Arlequin, également au futur, justifie cette inquiétude : « Nous deviendrons maigres, étiques, et puis morts de faim [...] ». Jouant avec le désespoir d'Iphicrate, l'esclave évoque de façon redondante[1] les périls qui les attendent. L'avenir est funeste.

La pièce s'achève pourtant sur une évocation on ne peut plus positive de l'avenir : « Vous partirez dans deux jours, et vous reverrez Athènes » (sc. 11). En ayant recours au futur, Trivelin met fin à l'épreuve endurée par les maîtres. Ses paroles sont à la fois l'annonce d'un nouveau départ et le signe d'un avenir prometteur. Entre la question sur laquelle s'ouvrait la pièce et cette ultime phrase au futur bien des changements se sont opérés : Arlequin et Cléanthis sont parvenus à surmonter leur ressentiment ; Euphrosine et Iphicrate ont su admettre leurs erreurs passées.

Le passé

Il n'est pas rare que les personnages de *L'Île des esclaves* aient recours aux temps du passé. Il leur arrive d'évoquer la vie qu'ils ont connue à Athènes ou les circonstances qui les ont amenés sur l'île.

---

1. La redondance est un procédé d'écriture qui consiste à formuler une même idée de plusieurs manières différentes. L'expression d'Arlequin : « Nous deviendrons maigres, étiques [...] », est redondante puisque les deux adjectifs sont quasiment synonymes.

Chacune de ces évocations est cependant l'occasion d'une divergence de point de vue ou d'un conflit verbal.

Euphrosine et Iphicrate ont la nostalgie de leur ancienne condition. L'un et l'autre souhaiteraient revoir Athènes et recouvrer leurs privilèges. Ils savent pourtant que le passé n'est plus, que l'insouciance d'antan s'oppose en tous points à l'infortune de leur situation présente. Tel est le constat qu'effectue Euphrosine à l'heure où Arlequin tente de la séduire : « Vois l'extrémité où je suis réduite ; et si tu n'as point d'égard au rang que je tenais dans le monde [...], du moins que mes disgrâces, que mon esclavage, que ma douleur t'attendrisse [...] » (sc. 8). En mêlant imparfait et présent, la jeune femme souligne, en une même phrase, la façon dont passé et présent s'opposent.

Cléanthis et Arlequin ne présentent jamais, en revanche, leur situation antérieure de manière positive. La façon dont ce dernier répond aux questions d'Iphicrate dans la scène d'exposition est, à cet égard, très significative :

> IPHICRATE. — Méconnais-tu ton maître, et n'es-tu plus mon esclave ?
>
> ARLEQUIN. — [...] Je l'ai été, je le confesse à ta honte [...]. Dans le pays d'Athènes j'étais ton esclave, tu me traitais comme un pauvre animal [...].

Arlequin ne se contente pas d'évoquer négativement son passé d'esclave. Il emploie sciemment le passé composé (« Je l'ai été ») et l'imparfait (« tu me traitais ») pour répondre à une question qui lui est posée au présent (« n'es-tu plus mon esclave ? ») : ce faisant, il laisse entendre à son interlocuteur que ce passé est révolu. L'esclave d'hier n'est plus. Arlequin est désormais un homme libre.

Le présent

De tous les temps verbaux, le présent est celui qui est le plus fréquemment utilisé dans *L'Île des esclaves*[1]. Les personnages créés par Marivaux n'échappent pas à la temporalité dans laquelle ils sont

1. Cette particularité est liée au système de l'énonciation : dans une pièce de théâtre, l'action se déroule au moment où parlent les personnages, elle est contemporaine de leur prise de parole.

inscrits, pas plus qu'ils n'échappent à l'île sur laquelle ils se trouvent : ils sont dépendants d'un *ici-maintenant.*

Iphicrate et Euphrosine perçoivent cette inscription dans le présent comme une forme d'emprisonnement. Au cours de la scène 3, Euphrosine sait qu'elle ne peut se soustraire au portrait commandité par Trivelin. Elle doit rester sur place, écouter les paroles acerbes de Cléanthis, regarder le miroir humiliant de ses « ridicules ». Chacune de ses interventions exprime le désarroi qui est le sien : « Hélas ! que voulez-vous que je lui réponde, dans l'étrange aventure où je me trouve ? » ; « Quels discours ! Faut-il que vous m'exposiez à les entendre ! » ; « Je vous prie, Monsieur, que je me retire, et que je n'entende point ce qu'elle va dire » ; « Je ne sais où j'en suis ».

Euphrosine ne fait plus référence à son glorieux passé. Elle ne cherche pas davantage à imaginer l'avenir qu'on lui réserve. Le présent, temps de l'épreuve et de l'humiliation, l'occupe tout entière : la maîtresse déchue ne peut s'y dérober.

Dans cette île, Arlequin et Cléanthis jouissent, au contraire, d'un bonheur qui leur fait oublier leur ancienne condition. Le présent les console du passé. Dès les premières répliques de la scène d'exposition, Arlequin exprime clairement son désir de vivre pleinement le moment en cours. Sa propension à la paresse (« J'ai les jambes si engourdies ») et son goût de l'alcool (« reposons-nous auparavant pour boire un petit coup d'eau-de-vie [...] ») ne sont pas seuls à en témoigner. Au-delà des actes, le personnage souligne sa volonté de s'affranchir du passé en employant, de façon presque systématique, le présent de l'indicatif. Ce faisant, il tente d'assurer par la parole la pérennité de sa situation.

Les personnages de *L'Île des esclaves* n'en restent pas moins, à l'exception de Trivelin, des êtres versatiles et changeants. Le présent dans lequel ils s'inscrivent ne doit pas être placé sous le signe de la continuité : il est fait d'une succession d'instants qui permettent à Arlequin et ses compagnons de faire miroiter les multiples facettes de leur personnalité.

7 Le comique

LES FORMES DU COMIQUE

Un comique de situation

Dans *L'Île des esclaves,* le comique naît d'abord des circonstances dans lesquelles se déroule l'action. L'échange des vêtements, des noms et des rôles imposé aux naufragés dès les premières scènes de la pièce crée une situation singulièrement cocasse : les maîtres changés en esclaves perdent leur prestige et leur faconde. Ils sont risibles et grotesques. Les portraits de la coquette et du jeune noble que brossent les anciens esclaves (sc. 3 et 5) donnent à la pièce de Marivaux une tonalité résolument satirique[1]. Le persiflage de Cléanthis invite le lecteur de *L'Île des esclaves* à se moquer d'Euphrosine : les minauderies de cette belle aristocrate, l'incessante comédie qu'elle joue à son entourage, sa vanité, son orgueil sont subtilement tournés en ridicule.

Arlequin et Cléanthis, en revanche, ne sont pas l'objet de raillerie ; ils font rire mais ne sont pas volontairement moqués par le dramaturge. La scène de séduction galante (sc. 6) au cours de laquelle les deux personnages se donnent en spectacle est sur ce point très significative : les anciens esclaves amusent lecteurs et spectateurs parce qu'ils imitent le comportement maniéré d'Iphicrate et Euphrosine. Le comique revêt alors la forme de la parodie[2].

---

1. La satire est la critique moqueuse, mordante d'un vice ou d'un ridicule.
2. Il convient de ne pas confondre parodie et satire. À la différence de cette dernière, la parodie consiste à imiter, en les exagérant, en les ridiculisant, les traits distinctifs d'une situation, d'un être ou d'un genre. Le portrait de la coquette (sc. 3) est satirique alors que la scène de séduction galante (sc. 6) est parodique.

Un comique de comportement et de gestes

Des deux esclaves, Arlequin est évidemment le plus cocasse. Fidèle à ses origines, l'esclave d'Iphicrate se comporte en bouffon. Il aime rire, chanter, siffler, danser, sauter, manifester sans vergogne la gaieté qui l'habite. Les didascalies qui précèdent ses prises de parole suggèrent à la fois son enthousiasme et sa spontanéité : elles nous apprennent qu'Arlequin « prend son maître par la main et danse », qu'il « rit de toute sa force » (sc. 5), « saute de joie » ou rit « à genoux » (sc. 6) devant la nouvelle Euphrosine. Par ses gestes et son comportement, l'esclave d'Iphicrate singe plus son maître qu'il ne l'imite. Refusant de se prendre au sérieux, Arlequin voit dans l'échange des rôles un bon sujet de plaisanterie, une farce qui permettra de se jouer des maîtres.

Les mimiques et les gesticulations de ce personnage de comédie ne sont pas seules à faire rire. Le dépit qu'exprime Iphicrate dans la scène d'exposition peut également amuser le lecteur ou le spectateur de Marivaux. Le jeune noble, que le naufrage sur une île peuplée d'anciens esclaves désespère, déambule nerveusement sur scène tandis qu'Arlequin paresse, une bouteille à la main. Le maître multiplie les injonctions à l'impératif et les réprimandes. Il s'échauffe, menace, vitupère. Mais en vain : l'esclave n'obéit plus. Étendu sur la grève, facétieux et provocateur, Arlequin tourne en ridicule les ordres, les plaintes, les soupirs d'Iphicrate. Le maître, jadis tout puissant, n'est plus qu'une marionnette que l'intervention de Trivelin réduira au silence. Le bel aristocrate est désormais risible.

Un comique de mots

La prise de parole d'Arlequin et Cléanthis

Le langage est souvent le principal ressort du comique. Les lois qui régissent la vie sociale de l'île réduisent les maîtres au silence. Elles permettent en revanche aux esclaves de recouvrer le droit à la parole. Arlequin et Cléanthis ont, selon Trivelin, « huit jours » pour jouir pleinement de ce droit, huit jours pour fustiger leurs maîtres et rire à leurs dépens. Cette situation permet à Arlequin d'exprimer librement ses qualités de bouffon. Par son langage, le « nouvel Iphicrate » fait rire, comme en témoigne l'emploi réitéré d'expressions redondantes : « Oh quand je suis gai, je suis de bonne humeur » (sc. 5).

Aux facéties d'Arlequin répond la verve souvent mordante de Cléanthis. Au cours de la scène 3, la jeune femme révèle pleinement sa maîtrise de la parole en brossant, avec ironie et vivacité, le portrait de son ancienne maîtresse. Chacune de ses répliques constitue une petite comédie bouffonne, une saynète, destinée à railler les « ridicules » d'Euphrosine. À la différence d'Arlequin, Cléanthis n'est pas, à proprement parler, risible : elle nous invite simplement à rire de la coquette « vaine, minaudière » et grotesque qu'elle devait jadis servir.

Les dialogues

Les dialogues constituent un élément essentiel du comique marivaldien. Dans *L'Île des esclaves,* le dramaturge n'a jamais recours aux longues tirades ou aux monologues interminables qui pourraient lasser le spectateur. Il aime, au contraire, la vivacité des brèves répliques, la légèreté, la promptitude des échanges. Il arrive que ses personnages reprennent, en les transformant, les propos qui viennent de leur être adressés. Le dialogue s'enrichit alors d'échos aux effets cocasses ou parodiques :

> TRIVELIN. — Vaine, minaudière et coquette, voilà d'abord à peu près sur quoi je vais vous interroger au hasard. Cela la regarde-t-il ?
>
> CLÉANTHIS. —Vaine, minaudière et coquette, si cela la regarde ? (sc. 3).

Ces répétitions s'apparentent à la stichomythie, procédé qui consiste à accélérer le dialogue en multipliant les répliques brèves[1]. Les paroles échangées par les personnages se transforment alors en joutes verbales : elles sont souvent accompagnées, lors de la représentation, de rapides changements de ton ou de mimiques suggestives. Tout l'art de Marivaux consiste à aborder des sujets sérieux sans cesser de faire rire ou sourire.

1. La notion de stichomythie est traditionnellement employée pour désigner une succession de répliques d'égale longueur dans une tragédie en vers. Dans ses dialogues en prose, Marivaux a fréquemment recours à ce type de procédé.

LES FONCTIONS DU COMIQUE

Une fonction distractive

L'Île des esclaves se présente d'abord comme une œuvre divertissante. En rédigeant sa pièce, Marivaux eut sans aucun doute le dessein de faire rire le spectateur de son temps.

Le fait que le dramaturge ait confié *L'Île des esclaves* aux comédiens italiens est sur ce point très significatif : Marivaux n'ignore pas les origines de la *commedia dell'arte* ; il connaît les atellanes[1] et les pantomimes de la Rome antique, le théâtre de foire, les farces médiévales, la tradition des *lazzi*[2] à laquelle se réfèrent ces acteurs. Il sait que Mario Baletti ou Gianetta Benozzi (Silvia), comédiens pour lesquels il avait la plus vive admiration, excellent dans les rôles comiques ; qu'ils aiment la vivacité, le mouvement, l'inconstance. Choisir d'écrire pour ces comédiens, c'est accepter de concevoir un théâtre plein de vie ; c'est délibérément opter pour le rire et la bonne humeur.

La situation mise en scène par le dramaturge, les mimiques et le langage des personnages ne sont pas les seuls aspects divertissants de *L'Île des esclaves.* Au-delà de ces éléments proprement comiques, la pièce appelle le rire parce qu'elle joint la vivacité à la brièveté. On remarquera d'ailleurs que cette comédie s'ouvre et s'achève dans la bonne humeur : le couplet qu'entonne Arlequin au cours de la scène 1 annonce à sa manière le « divertissement » chanté et dansé sur lequel se clôt la représentation.

Une fonction morale

Pour comique qu'elle soit, cette pièce n'est pas un simple divertissement. Comme d'autres comédies de Marivaux, *L'Île des esclaves* illustre parfaitement la formule du poète latin Horace[3] :

---

1. Les atellanes sont des petites pièces de théâtre à caractère bouffon que l'on jouait pendant l'Antiquité romaine.

2. Ce terme d'origine italienne désigne des jeux de scènes bouffons constitués d'improvisations gestuelles.

3. *Horace* : ce poète latin né en 65 av. J.-C. est l'auteur d'un art poétique qui influencera considérablement les dramaturges français des XVIIe et XVIIIe siècles.

castigat ridendo mores (la comédie corrige les mœurs en faisant rire). Les comédiens italiens avaient d'ailleurs fait leur devise de cet adage : selon eux — et selon Marivaux — une comédie doit à la fois divertir et éduquer, charmer et instruire. Ce qui est agréable se doit d'être utile.

Les bouffonneries d'Arlequin ou la verve satirique de Cléanthis ne sont pas gratuites : elles tendent à dénoncer les vices, les travers, les « ridicules » des nobles. Le portrait que brosse Cléanthis au cours de la scène 3 n'est pas seulement destiné à faire rire le spectateur de Marivaux : il permet de railler la vanité d'un comportement, de fustiger les mœurs d'une aristocrate « vaine, minaudière et coquette ».

La moquerie fait partie intégrante de l'épreuve à laquelle les maîtres doivent se soumettre. Au cours de la scène 2, Trivelin expose clairement les principes qui permettront de réformer Iphicrate et Euphrosine :

> Nous vous jetons dans l'esclavage pour vous rendre sensibles aux maux qu'on y éprouve; nous vous humilions, afin que nous trouvant superbes vous vous reprochiez de l'avoir été.

La raillerie et l'humiliation ne sont pas l'expression d'une cruauté sans raison. Elles constituent la première phase d'une « cure », la première étape d'une thérapie destinée à guérir les maîtres de leur inhumanité. En se moquant d'Euphrosine et Iphicrate, les anciens esclaves cherchent moins à s'en venger qu'à « corriger » leurs mœurs. La petite scène de comédie au cours de laquelle Cléanthis et Arlequin imitent les manières galantes des aristocrates (sc. 6) n'est pas simplement destinée à faire rire : elle doit permettre aux spectateurs[1] que sont les maîtres déchus, de prendre conscience de leurs défauts. Sa finalité est exclusivement morale.

---

1. Au cours de cette scène, Iphicrate et Euphrosine jouent réellement le rôle de spectateurs. Sur ce point, voir ci-dessous le chapitre 10, p. 76-77.

8 Les thèmes

LA COQUETTERIE ET L'AMOUR-PROPRE

La coquetterie

En 1718, dans ses *Lettres sur les habitants de Paris,* Marivaux écrit qu'une femme « qui n'est plus coquette, c'est une femme qui a cessé d'être ». Pour acerbe qu'elle soit, cette phrase ne doit pas être perçue comme une marque de misogynie. Marivaux ne méprise pas les femmes. Il entend simplement montrer que les dames de la haute société sont prisonnières des codes mondains de la séduction galante : elles n'existent que si elles parviennent à plaire ; leur vie sociale dépend de leur coquetterie.

Dans *L'Île des esclaves,* le dramaturge reprend et affine son analyse. Au cours de la scène 3, Cléanthis brosse avec précision et réalisme le portrait de son ancienne maîtresse. À Athènes, Euphrosine — qui porte ironiquement le nom d'une des trois Grâces de la mythologie grecque[1] — n'avait d'autre souci que celui de plaire et d'être reconnue. Elle se montrait « minaudière et coquette », passait des heures devant son miroir. Rien n'était plus important que ses apparences : la jeune femme n'allait « aux spectacles, aux promenades, aux assemblées » que si son visage le lui permettait. Elle se montrait alors vive, « sémillante[2] » et gracieuse. Avait-elle, « au contraire [...] mal reposé [...] », avait-elle « un teint fatigué », « des yeux battus », elle refusait de quitter la chambre : personne ne devait voir ainsi Madame ; personne ne devait songer qu'elle puisse s'enlaidir.

1. Dans la mythologie grecque les trois Grâces – Euphrosyne, Aglaé et Thalie – sont des déesses qui symbolisent la beauté.

2. *Sémillant(e)* : qui est d'une vivacité pétillante.

Au cours de la scène 3, Cléanthis souligne clairement le caractère narcissique du comportement de son ancienne maîtresse. Comme Narcisse, Euphrosine voue un culte à ses apparences. Les miroirs dans lesquels elle « éprouve son visage de toutes les façons » décident de sa joie ou de ses peines. La jeune femme est heureuse lorsqu'elle peut s'enorgueillir de l'image qu'elle donne d'elle-même. Les êtres qui l'entourent ne sont alors que les miroirs vivants de sa coquetterie : ils n'existent que parce qu'ils renvoient à la coquette une image flatteuse de ce qu'elle est.

La tirade au cours de laquelle Cléanthis relate la visite qu'un cavalier « bien fait » vient rendre à sa maîtresse est à cet égard très significative. L'attention qu'Euphrosine lui accorde, les « petites contorsions », les œillades, les « gestes de tête » qu'elle manifeste ne sont pas l'expression d'un sentiment sincère. Euphrosine n'est pas éprise du beau cavalier. Elle cherche simplement à évaluer l'effet que produisent ses manières délicates et enjouées ; elle veut, au sens propre du terme, se savoir « aimable », digne d'être aimée. Elle désire plaire à autrui pour se plaire à elle-même[1].

L'amour-propre

Dans son théâtre, Marivaux ne s'est pas contenté de décrire la comédie des sentiments que suppose cette volonté de plaire. Il a tenté d'en révéler les ressorts, d'en analyser les causes. Il a par exemple montré que la coquetterie est moins un défaut des femmes qu'une conséquence normale du comportement des hommes. La séduction est l'art par lequel les femmes se vengent à la fois de la tyrannie et de l'inconstance masculine. Elle est une manière de revanche, un stratagème qui permet aux femmes socialement soumises de prendre un ascendant psychologique sur les hommes. Dans *L'Île des esclaves,* le dramaturge ne pousse pas aussi loin son analyse. Il montre néanmoins que la coquetterie d'Euphrosine est liée à la comédie qu'impose la vie aristocratique et mondaine.

1. Dans *Le Cabinet du philosophe,* Marivaux approfondira ses réflexions sur la coquetterie en affirmant que « la coquette ne sait que plaire, et ne sait pas aimer. »

Au cours de la scène 4, Trivelin demande à la maîtresse déchue de reconnaître les ridicules de son comportement : « Convenez-vous de tous les sentiments coquets, de toutes les singeries d'amour-propre qu'elle vient de vous attribuer ?» Le gouverneur de l'île établit clairement un parallèle entre la coquetterie et l'amour-propre. Ce terme ne renvoie pas au sentiment de dignité personnelle, au respect de soi qu'il dénote aujourd'hui. Pour Marivaux, l'amour-propre est une forme d'égoïsme : il est cette « préférence de soi », cet amour pour soi-même qui pousse un être à faire passer ses semblables au second plan. Il est le contraire de l'altruisme.

Au cours de la scène 2, Trivelin laisse entendre que l'amour-propre est surtout l'apanage des maîtres. Les flatteries, la réussite sociale, l'oisiveté, le pouvoir qu'ils exercent sur leur entourage ne peuvent qu'accroître l'autosatisfaction qui les anime. Appartenir à la haute société, être maître, c'est être généralement indifférent aux autres ; c'est aussi courir le risque d'être vaniteux, fat et ridicule. En prenant la place d'Iphicrate et d'Euphrosine, en devenant maîtres à leur tour, Arlequin et Cléanthis devront apprendre à se méfier d'eux-mêmes. Ils devront éviter d'être « injustes et superbes », renoncer au plaisir d'humilier leurs maîtres déchus. Peut-être parviendront-ils alors à leur prouver qu'il est une noblesse — celle du cœur — qui ne doit rien aux « singeries d'amour-propre ».

LA VIOLENCE ET LE RESSENTIMENT

La violence des maîtres

La brutalité, l'esclavage, la torture, la violence des rapports de domination ont été fréquemment dénoncés par les écrivains et les philosophes du XVIIIe siècle[1]. Marivaux n'échappe pas à cette règle. Dans *L'Île des esclaves*, le dramaturge montre que la violence physique ou verbale permet aux maîtres d'asseoir leur autorité.

---

1. Voltaire, par exemple, s'élèvera vigoureusement contre les pratiques qui permettent aux puissants de ce monde d'asservir leurs semblables : l'esclavage est l'objet d'une virulente dénonciation dans *Candide*, conte philosophique écrit en 1758.

Des cinq personnages de la pièce, Iphicrate est celui qui incarne la violence. Étymologiquement, son nom signifie précisément « celui qui règne par la force ». Plusieurs éléments du texte prouvent que ce choix n'est pas fortuit.

Dans les premières répliques de la pièce, le jeune noble se montre affectueux envers Arlequin. Mais ses sentiments n'ont rien d'authentique : Iphicrate sait qu'il se trouve dans « l'Île des Esclaves », qu'il est en « danger de perdre la liberté, et peut-être la vie [...] » (sc. 1). Aussi cherche-t-il à amadouer son serviteur. L'insolence de ce dernier fait rapidement apparaître le vrai visage du maître. Le masque de la gentillesse disparaît au profit d'une violence clairement affichée. À la fin de la scène, Iphicrate excédé se précipite sur l'esclave, l'épée à la main. Le « cher Arlequin » ne mérite plus de vivre !

La brutalité est le premier abus de pouvoir que dénonce l'esclave qui s'élève contre son maître. Dans la première scène de la pièce, Arlequin remarque, non sans ironie, que les « marques d'amitié » d'Iphicrate « tombent toujours sur [ses] épaules ». L'emploi de l'adverbe de temps « toujours » et le caractère polysémique du terme « marques », à la fois signes d'amitié et traces de coups, nous laissent entendre qu'Iphicrate assouvit par la violence son désir de régner en maître absolu. Au cours de la scène 9, ce dernier avoue qu'il lui est arrivé de maltraiter son esclave sans raison. Il reconnaît ainsi, implicitement, que l'emploi de la force est l'arme qu'adoptent les faibles pour se maintenir au pouvoir.

Dans *L'Île des esclaves,* Marivaux condamne les excès qu'entraînent les relations de domination. À ses yeux, la violence est un abus, une honte indigne d'un être civilisé. L'honnête homme se doit d'être modéré.

Le ressentiment des esclaves

Mais comment parvenir à faire preuve de modération lorsqu'on fut méprisé, battu, exploité par un maître inique et peu respectueux ? Comment se montrer « raisonnable » et conciliant lorsqu'on fut esclave ? Comment ne pas être tenté de répondre à la violence par la violence, à l'insulte par l'insulte ? Telles sont les questions fondamentales que pose Marivaux dans *L'Île des esclaves.*

La façon dont Trivelin évoque l'histoire des insulaires au cours de sa première apparition est sur ce point très significative. Le gouverneur de l'île explique que les esclaves insurgés contre leurs maîtres dont ils sont les lointains descendants, furent d'abord animés par un désir de vengeance : « la première loi » qu'ils firent « fut d'ôter la vie à tous les maîtres que le hasard ou le naufrage [...] » (sc. 2) leur faisait rencontrer. La rancune dicta donc leurs premières décisions : à la barbarie dont ils furent jadis victimes répondit l'inhumanité d'une loi qui ne laissait aucune chance aux maîtres égarés. La violence engendrait la violence. Avec le temps, les insulaires apprirent néanmoins à dominer leur ressentiment. Ils réussirent à vaincre leur soif de vengeance, devinrent raisonnables, tolérants et humains.

Le comportement d'Arlequin et Cléanthis au cours de la pièce n'est pas sans rappeler celui des insulaires. L'inversion des conditions sur laquelle s'ouvre *L'Île des esclaves* leur offre la possibilité de prendre une revanche, de donner libre cours à leur ressentiment. Il suffit pour s'en convaincre de voir avec quelle jubilation Cléanthis brosse le portrait de son ancienne maîtresse. La jeune femme ne se contente pas de décrire le comportement d'une coquette : elle raille ses « ridicules », fustige ses manières, tente de l'humilier. Chaque tirade de Cléanthis est l'expression d'une rancœur que la moquerie ou le mépris n'assouvissent qu'à peine : la scène au cours de laquelle Cléanthis brosse le portrait d'Euphrosine est une scène de vengeance.

Arlequin dépeint avec moins de complaisance les défauts d'Iphicrate. Il se contente d'en faire l'ébauche sans sombrer dans la caricature ou la moquerie. À ce titre, l'ancien esclave semble oublier son ressentiment. Renonçant à la loi du talion qui pousse un être à rendre coup pour coup, il se montre plus tolérant que Cléanthis : il est capable de pardonner.

À la fin de la pièce, la jeune femme parvient également à vaincre son ressentiment. La rancune cède alors la place à la tendresse et au pardon : la pièce se clôt sur le triomphe de la raison. Maîtres et serviteurs ont accédé à la vertu.

Les bienfaits d'une tendre fraternité

Dans la dernière scène de la pièce, Trivelin constate avec émoi que les quatre naufragés se sont réconciliés. Iphicrate et Euphrosine ont pris conscience de leurs erreurs passées ; Arlequin et Cléanthis ont renoncé à leurs « vengeances » : tous font preuve de bonne volonté et de compréhension ; tous découvrent les bienfaits d'une tendre fraternité.

Un tel sentiment n'était pourtant pas de mise dans les premières scènes de *L'Île des esclaves.* Les liens qui unissaient les quatre Athéniens étaient au contraire placés sous le signe du conflit et de la désunion. L'amour, presque fraternel, qu'Iphicrate prétendait éprouver pour son esclave — « Eh, ne sais-tu pas que je t'aime ? » lui demandait-il alors — n'était que l'expression mensongère d'un despotisme à peine dissimulé. Les relations amoureuses entretenues par Arlequin avec les deux figures féminines de la pièce ne sont pas plus sincères : au cours de la scène 6, le « nouvel Iphicrate » ne courtise pas Cléanthis parce qu'il en est épris : parodiant son maître, il se livre simplement à une petite comédie sentimentale. L'amour qu'il prétend éprouver pour Euphrosine (sc. 8) est également sujet à caution : il est le fruit d'une décision prise avec Cléanthis, d'un jeu, d'un pari rendu possible par l'échange des rôles.

Il faut donc attendre la fin de la pièce pour que soit exprimée une authentique et réciproque tendresse. Iphicrate ouvre ses bras à son ancien esclave et se comporte en père bienveillant. Euphrosine, enfin dépouillée de toutes ses « singeries d'amour-propre », laisse parler son cœur attendri : le « cours d'humanité » destiné à les « rendre sains, c'est-à-dire humains, raisonnables et généreux pour toute [leur] vie » (sc. 2), est enfin terminé.

La tendresse qui unit les personnages à la fin de l'épreuve n'abolit pas les inégalités sociales mais les adoucit. Elle permet à chaque individu de retrouver le meilleur de lui-même en enlevant le masque de l'amour-propre. Elle rend ainsi possible l'exercice de la vertu.

L'accession à la vertu

Au cours de la pièce, Arlequin et ses compagnons vont connaître une authentique métamorphose affective et morale. La méchanceté, la violence ou le ressentiment cèdent la place à de plus nobles sentiments que le dramaturge nomme la vertu.

L'éveil du cœur

Les personnages que le dramaturge met en scène dans cette comédie ne sont pas fondamentalement bons lorsqu'ils échouent sur l'île : ils le deviennent.

Le cœur d'Arlequin est le premier à s'éveiller. L'ancien esclave d'Iphicrate ne reste guère insensible à la souffrance d'autrui : la douleur d'Euphrosine l'émeut au point de le laisser sans voix (sc. 8) ; celle de son « patron » déchu, humilié, dégradé, touche son cœur et l'incite à se montrer humain. Au cours de la scène 9, Arlequin ne se contente pas d'accorder son pardon : il fait preuve d'humilité, laisse parler son cœur, prend conscience du plaisir que l'on éprouve à faire le bien. Le personnage auquel Marivaux confie le soin de montrer l'exemple agit sans rouerie. Il ne fait preuve d'aucune duplicité, d'aucune hypocrisie. Sa bonté n'est pas une comédie : elle est à la fois naïve et sincère, noble et généreuse.

Cléanthis connaîtra à son tour pareille évolution. Après avoir exprimé son ressentiment en une violente apostrophe aux maîtres, la jeune femme renonce à tourmenter Euphrosine. Elle admet qu'« il faut avoir le cœur bon, de la raison, de la vertu ». La compassion que font naître en elle les pleurs de son ancienne maîtresse révèle sa foncière bonté : sous le masque de la rancœur et de l'arrogance se cache le visage d'une jeune femme émotive et sensible. En ouvrant son cœur, Cléanthis accède pleinement à son humanité.

La raison

Le narcissisme d'Euphrosine ou la brutalité d'Iphicrate ne sont pas présentés comme de simples défauts. Ils constituent une sorte d'égarement, d'aveuglement, de folie qui font perdre toute dignité, toute humanité à la coquette et au « petit-maître ». À cet égard, l'épreuve que Trivelin leur impose ne doit pas être perçue comme une sanction. Le gouverneur de l'île entend moins châtier des coupables que guérir des êtres malades d'eux-mêmes. La cure qu'il prescrit aux anciens maîtres est destinée à vaincre « ces folies qui font qu'on n'aime que soi [...] » (sc. 4) ; elle doit permettre aux êtres déraisonnables et vaniteux que sont Euphrosine et Iphicrate de recouvrer entendement et lucidité ; elle doit, comme le dit si bien Cléanthis, leur apprendre à « parler raison[1] ».

L'altruisme

Le dénouement de *L'Île des esclaves* montre cependant qu'il ne suffit pas d'être « raisonnable » pour être vertueux. Vaincre son amour-propre, sa vanité, ses « folies » est une chose ; accéder à la vertu en est une autre. L'attitude adoptée par les personnages dans les trois dernières scènes de la pièce en est révélatrice : Iphicrate et Euphrosine, Arlequin et Cléanthis ne se contentent pas d'être sensibles aux malheurs d'autrui ou de « parler raison ». Ils vont au-delà de la simple compassion en attachant plus de prix au bonheur de l'autre qu'à leurs propres sentiments. Arlequin avoue n'avoir « point le courage d'être heureux » (sc. 9) aux dépens d'un maître qui reconnaît ses torts et lui ouvre ses bras. En dépit de la rage qui l'anime, Cléanthis accepte également d'oublier les offenses passées : elle met fin à l'épreuve de son ancienne maîtresse et se dit prête à partir « tout à l'heure[2] avec [elle] ». En recouvrant ses droits, Euphrosine ne recouvre pas son arrogance : elle ne veut plus entendre parler d'esclavage et « ne songe plus désormais qu'à partager avec [Cléanthis] tous les biens que les dieux [lui] ont donnés [...] » (sc. 10).

Ces comportements, pour naïfs qu'ils soient, montrent clairement que l'être vertueux se doit autant aux autres qu'à lui-même. Pour reprendre un mot de Voltaire, la vertu est d'abord « bienfaisance envers le prochain[3] ».

1. *« Parler raison »* : adopter le langage de la raison.
2. *Tout à l'heure* : sur le champ.
3. Dans le *Dictionnaire philosophique*, publié en 1764, Voltaire écrit que la vertu ne doit pas être considérée comme l'art de bien se conduire ou de se faire du bien. La vertu n'existe que lorsque les autres en profitent.

9 Le langage

UN REJET DE LA «LANGUE D'ATHÈNES»

La réforme des comportements et l'humanisation des cœurs ne sont pas les seuls objectifs que Trivelin se propose d'atteindre. L'épreuve à laquelle sont soumis Iphicrate et Euphrosine est également destinée à leur faire oublier — ou abjurer — la «langue d'Athènes», langue des maîtres et du pouvoir.

Les caractéristiques du langage des maîtres

Dès la scène d'exposition, la «langue d'Athènes» est explicitement associée à la façon dont les maîtres parlent et se comportent. Elle est le moyen par lequel ils assurent leur autorité, l'arme avec laquelle ils entendent dominer, amadouer, séduire ou blesser.

Un langage injurieux

Les premières scènes de la pièce révèlent clairement la façon dont les maîtres s'adressaient à leurs esclaves lorsqu'ils vivaient à Athènes. Arlequin et Cléanthis étaient alors affublés de «sobriquets» ridicules, de surnoms grotesques : Arlequin était nommé «quelquefois Hé» (sc. 2) ; Cléanthis était qualifiée de «Sotte, Ridicule, Bête, Butorde, Imbécile [...]» (sc. 3).

Par ces termes injurieux, les maîtres ne se contentent pas d'exprimer le mépris que leur inspirent des subalternes : ils cherchent à les humilier et les dépersonnaliser. En remplaçant le nom de leurs esclaves par des sobriquets, Iphicrate et Euphrosine nient l'identité d'Arlequin et de Cléanthis. L'injure est l'arme par laquelle le maître manifeste sa toute puissance et son inhumanité.

Un langage hypocrite

Iphicrate et Euphrosine sont également maîtres dans l'art d'amadouer leurs esclaves lorsqu'ils ont besoin d'eux. L'attitude du jeune noble dans la scène d'exposition est à cet égard sans équivoque. Iphicrate n'insulte pas son esclave : il l'appelle au contraire par son nom, s'adresse à lui de manière affectueuse, laisse entendre qu'il l'aime. En réalité, le maître sait qu'il est en danger. Le naufrage et la découverte des lois qui régissent la vie sociale de l'île lui font craindre le pire. Il faut attendrir Arlequin pour éviter qu'il ne s'insurge. Les paroles du maître sont donc mensongères, hypocrites, fallacieuses ; son affection est feinte :

> IPHICRATE, *à part les premiers mots.* — Le coquin abuse de ma situation, j'ai mal fait de lui dire où nous sommes. Arlequin, ta gaieté ne vient pas à propos, marchons de ce côté (sc. 1).

L'aparté[1] sur lequel s'ouvre cette réplique prouve que le maître est un adepte du double langage : l'esclave courtoisement désigné par son nom n'est, en réalité, qu'un « coquin » aux yeux du maître. Les sentiments qu'exprime ce dernier n'ont rien d'authentique : le langage est un masque.

Un langage artificiel

Les relations que les maîtres entretiennent entre eux ne sont pas plus sincères. Dans *L'Île des esclaves,* comme dans d'autres pièces, Marivaux montre combien les conversations mondaines ou galantes sont fausses et conventionnelles. La scène de séduction au cours de laquelle Arlequin et Cléanthis imitent leurs anciens maîtres en apporte la preuve : les tendres discours d'Arlequin, la naïveté feinte de sa partenaire, leurs soupirs et leurs révérences sont sans rapport avec les sentiments qu'ils éprouvent. Les nouveaux maîtres ne sont pas plus sincères que ne l'étaient leurs « patrons ». La « belle conversation » qu'ils entretiennent est aussi vaine, aussi superficielle que les relations amoureuses des

---

1. On parle d'aparté lorsqu'un personnage s'adresse au public ou à lui-même en présence d'interlocuteurs dont il ne veut pas attirer l'attention. Dans cette réplique de *L'Île des esclaves,* l'aparté permet au dramaturge de faire découvrir les sentiments secrets d'Iphicrate.

aristocrates[1]. Jamais les personnages ne parlent un langage authentique ; jamais ils ne s'engagent pleinement. Dans ce domaine, la « langue d'Athènes » est un code que tout galant se doit de connaître. Parler d'amour « à la grande manière », ce n'est pas aimer mais flatter l'égoïsme, l'amour-propre ou la vanité qui sommeillent en tout être humain.

L'expression d'un rejet

Marivaux ne se contente pas de révéler les caractéristiques du langage qu'adoptent maîtres et aristocrates. Il exprime également son désir de le voir disparaître. Trivelin, Arlequin et Cléanthis sont, à cet égard, ses porte-parole.

Les injonctions de Trivelin

Dès sa première intervention dans la pièce, le gouverneur de l'île souligne clairement l'importance qu'il accorde au langage. Il invite les quatre naufragés à décliner leur identité avant d'exiger qu'ils échangent leurs noms. Il rappelle que l'on a « bientôt dit des injures à ceux à qui l'on en peut dire impunément » (sc. 3). Trivelin se montre enfin choqué à l'idée que l'on puisse avoir recours au terme d'*esclave* pour qualifier son prochain. En réalité, le personnage s'en prend autant aux propos que tiennent les maîtres qu'aux actes qu'ils commettent. Il sait que le langage confère à ceux qui le maîtrisent une supériorité qu'il est aisé d'employer à des fins malhonnêtes.

C'est la raison pour laquelle le gouverneur de l'île entend corriger, réformer le langage d'Iphicrate et d'Euphrosine. Les anciens maîtres ne deviendront « humains, raisonnables et généreux » que s'ils renoncent aux injures et aux sobriquets ; ils seront plus sincères et plus vrais lorsqu'ils accepteront de se défaire des vains artifices de la « belle conversation » (sc. 6). Ils ne changeront que s'ils abandonnent la « langue d'Athènes ».

---

1. Songeons, sur ce point, à la façon dont Cléanthis évoque, au cours de la scène 3, la rencontre d'Euphrosine et du cavalier qui lui offre son cœur.

Les refus d'Arlequin et de Cléanthis

Les premières scènes de *L'Île des esclaves* se présentent comme des scènes de rébellion. Arlequin et Cléanthis, longtemps condamnés au silence et à la soumission, prennent conscience du profit qu'ils peuvent tirer de la situation dans laquelle ils se trouvent. Leur présence sur une île gouvernée par d'anciens esclaves est de bon augure : l'un et l'autre recouvrent le droit à la parole. Ils peuvent désormais s'élever contre la tyrannie des maîtres qui les oppriment.

Le premier acte de rébellion d'Arlequin est d'ailleurs indissociable du langage. L'ancien esclave, facétieux et provocateur, insolent et narquois, refuse de répondre aux injonctions de son maître : la « langue d'Athènes » est un « mauvais jargon » (sc. 1) qu'il ne comprend plus. Au cours de la scène 3, Cléanthis se montre plus incisive encore : le portrait qu'elle trace de son ancienne maîtresse est si vif, si efficace, si pénétrant que la coquette ne sait que répondre. En révélant à Trivelin les artifices sur lesquels repose le langage qui prévalait à Athènes, Cléanthis réduit Euphrosine au silence. Elle la prive du pouvoir que confère la parole.

LA QUÊTE D'UN NOUVEAU LANGAGE

Trivelin n'invite pas Iphicrate et Euphrosine à se défaire de la « langue d'Athènes » par simple désir de tourmenter des maîtres déchus. Il entend surtout les mettre sur la voie d'un changement, les inciter à rechercher un autre langage.

Le langage du cœur et de la raison

Les desseins de Trivelin n'échappent pas à Cléanthis. Dès les premières répliques de la scène 3, la jeune femme laisse entendre qu'Euphrosine ne pourra se contenter d'abandonner les « injures » qu'elle proférait. Le « cours d'humanité » qu'on lui impose est également lié à l'apprentissage d'un nouveau langage : « Mais à présent il faut parler raison : c'est un langage étranger pour Madame [...] » (sc. 3). Cléanthis a compris qu'un être ne peut accéder à la vertu sans transformer la façon dont il communique avec ses semblables. Selon elle, Euphrosine doit adopter le langage de la raison. Elle doit se montrer raisonnable, modérée, courtoise, respectueuse d'autrui.

Au cours de leur séjour sur l'île, maîtres et esclaves vont également découvrir les bienfaits de la compassion, de la fraternité et de la tendresse. Ils vont apprendre à parler le langage du cœur. Arlequin est le premier à vivre cette conversion. La scène au cours de laquelle l'ancien esclave tente de séduire Euphrosine (sc. 8) est à cet égard exemplaire : Arlequin se montre incapable de jouer avec les sentiments de la jeune femme. Il se laisse attendrir par ses « disgrâces », ses malheurs. Son émotion est telle qu'il finit par perdre l'usage de la parole. Dans la scène suivante, le personnage franchit une étape supplémentaire en accordant, sans réserve, son pardon à Iphicrate. Arlequin laisse parler son cœur et veut être l'ami de son maître : il « n'aurai[t] point le courage d'être heureux à [ses] dépens » (sc. 9). Les gestes de fraternité se substituent alors à l'insolence et aux railleries. Arlequin parle désormais un autre langage.

Un vœu de transparence

La plupart des personnages marivaldiens connaissent ces élans du cœur, cette accession au pardon et à la générosité. Il n'est pas rare de voir, à la fin des comédies de Marivaux, l'hypocrisie céder la place à la sincérité ou le mensonge aboutir à quelque vérité. Les personnages mis en scène dans *L'Île des esclaves* sont des êtres perfectibles : ils évoluent et se bonifient. Chacun d'eux renonce au masque qu'il portait pour offrir à ses semblables un visage plus humain : le maître brutal se montre fraternel, la coquette égocentrique apprend à aimer ; une communication authentique semble s'instaurer entre les Athéniens ; moqueries et mensonges n'ont plus de raison d'être.

Les dernières paroles échangées par les personnages donnent le sentiment que les relations humaines sont désormais fondées sur la transparence : les mots disent ce qu'ils disent, sans sous-entendus, sans ironie, sans dissimulation. Il arrive même que des gestes aillent au-delà des paroles échangées : les larmes, les baisers, les étreintes, le simple fait qu'Arlequin « déshabille son maître » (sc. 9) et veuille reprendre ses propres vêtements, sont la preuve qu'un certain état de grâce est atteint. Chaque acte, chaque mot est l'expression transparente — mais peut-être éphémère — d'un sentiment sincère.

Des limites difficiles à franchir

Les liens qui s'établissent entre les personnages à la fin de la pièce augurent bien de l'avenir. Ils ne sont pourtant pas idylliques.

La tendre fraternité que manifestent Arlequin et ses compagnons, pour authentique qu'elle soit, se fait au prix d'un retour à l'ordre établi : chaque personnage retrouve son nom, ses vêtements et sa condition. Après avoir tutoyé — et parfois rudoyé — leurs anciens maîtres, Arlequin et Cléanthis ont à nouveau recours au vouvoiement. Iphicrate et Euphrosine sont leurs amis mais une distance subsiste : le langage prouve que l'égalité parfaite n'est pas atteinte.

Les scènes qui précèdent ce dénouement ont par ailleurs montré que les anciens esclaves — notamment Arlequin — parvenaient difficilement à tenir le rôle des maîtres. Il ne suffit pas, par exemple, de vouloir traiter l'amour « à la grande manière » pour y parvenir : au cours de la scène 6, le « nouvel Iphicrate » se montre incapable d'adopter la rhétorique conventionnelle et mondaine qu'attend sa partenaire. Sans doute est-il plus facile pour lui d'échanger un costume que d'adopter un langage qui n'est pas le sien.

Marivaux rêve d'un monde vrai, de relations fraternelles, de paroles authentiques. Il sait néanmoins qu'il est difficile à chacun de sortir de sa condition et de son langage. S'y employer est déjà un progrès du cœur et de la raison.

10 Les jeux théâtraux et leur signification

UNE MISE EN ABYME DU THÉÂTRE

Nous avons montré, au cours du chapitre consacré à la structure de la pièce, que Marivaux aime le changement et les ruptures, le mouvement et les renversements de situation. Il arrive également qu'il suspende le déroulement d'une intrigue pour intégrer de courtes scènes théâtrales au cœur de sa pièce. Ses personnages improvisent alors une représentation ; ils mettent en scène une courte comédie et se donnent la réplique. Il y a, dans ce cas, théâtre dans le théâtre, *mise en abyme* du théâtre[1].

Une situation théâtrale

La situation que Marivaux présente dans *L'Île des esclaves* est d'abord éminemment théâtrale.

Un metteur en scène

Trivelin, le gouverneur de l'île, se comporte à la fois en meneur de jeu et en metteur en scène. Il s'attache, dès les premières scènes de la pièce, à distribuer les rôles de chacun : « soyez le seigneur Iphicrate à votre tour [...] » dit-il à l'ancien esclave ; « et vous, Iphicrate, appelez-vous Arlequin, ou bien Hé » (sc. 2).

Durant l'épreuve des portraits, Trivelin dirige le jeu des acteurs : il demande à Cléanthis de décrire le comportement d'Euphrosine sans

1. La notion de « mise en abyme » est empruntée à l'héraldique, science qui s'intéresse aux blasons et aux armoiries. On nomme « abyme » le centre du blason lorsqu'il représente lui-même un autre écu. En littérature, il y a « mise en abyme » lorsqu'un texte est enchâssé dans un autre texte de même nature. C'est par exemple le cas dans la comédie de Marivaux intitulée *Les Acteurs de bonne foi* : plusieurs personnages de cette œuvre sont acteurs et jouent eux-mêmes une pièce de théâtre.

s'abandonner à l'esprit de vengeance. Il exige qu'elle modère sa rancœur, qu'elle observe les règles de conduite qui lui sont imposées. À la fin de l'épreuve, Trivelin lui demande enfin de bien vouloir quitter la scène.

Le meneur de jeu disparaît à la fin de la cinquième scène parce qu'il sait que ses acteurs ne sortiront pas des cadres qui leur sont imposés. Il laisse Cléanthis, Euphrosine, Iphicrate et Arlequin évoluer librement dans l'espace théâtral qui leur est aménagé. Il ne revient qu'à la fin de la pièce pour constater que tout s'est déroulé comme il l'avait prévu. Il tire alors les leçons de l'expérience vécue par les personnages qu'il a préalablement façonnés. Dans les dernières lignes de la pièce, Trivelin dégage enfin la morale de l'histoire.

Quatre acteurs

Les deux couples de personnages qui échouent sur « l'Île des Esclaves » à la suite d'un naufrage vont devenir, sans en avoir pleinement conscience, les acteurs du jeu orchestré par Trivelin. Chacun d'eux se voit imposer un rôle et change d'identité : en devenant Euphrosine, Cléanthis entre brutalement dans le monde du théâtre. Elle doit, comme tout acteur, se glisser dans la peau de son personnage, adopter un langage qui n'est pas le sien, créer l'illusion qu'elle est devenue autre. Le travestissement que suppose l'échange des vêtements n'est pas seulement le symbole de la révolution sociale qui s'accomplit au début de la pièce : il est la preuve qu'Arlequin et Iphicrate, Cléanthis et Euphrosine sont passés de la réalité au monde du théâtre. En changeant de vêtement, de nom et de condition, ces quatre personnages se donnent la comédie.

Une scène de comédie amoureuse

Marivaux ne s'est pas contenté d'imaginer, comme nous venons de le voir, une situation qui s'apparente au monde du théâtre. Dans la scène 6, la plus longue de la pièce, il a aussi donné à ses personnages la possibilité d'inventer une petite comédie dans laquelle ils se trouvent à la fois acteurs et spectateurs.

Après l'épreuve imposée des portraits et le départ de Trivelin, Cléanthis et Arlequin décident, en effet, d'assumer pleinement le rôle de leurs maîtres. Ils envisagent de jouer une scène d'amour « à la grande manière » et « comme le grand monde » (sc. 6). Ils font apporter des sièges, improvisent une mise en scène, règlent les détails du jeu théâtral auquel ils veulent se livrer. Cléanthis se comporte, à son tour, en véritable metteur en scène. Elle organise leurs déplacements dans l'espace scénique et crée, à sa manière, la trame d'une petite comédie sentimentale :

> Tenez, tenez, promenons-nous plutôt de cette manière-là, et tout en conversant vous ferez adroitement tomber l'entretien sur le penchant que mes yeux vous ont inspiré pour moi (sc. 6).

Arlequin tentera par la suite de se conformer aux indications de sa partenaire. La didascalie qui introduit la « représentation » qu'ils ont imaginée le prouve (« Arlequin se promenant sur le théâtre avec Cléanthis »). Par l'emploi du mot « théâtre », Marivaux entend briser l'illusion créée par les didascalies initiales : la scène sur laquelle évoluent Cléanthis et Arlequin ne représente plus une île. Elle renvoie désormais au monde du théâtre ; elle est une scène qui permet aux deux serviteurs de devenir acteurs. Cette didascalie révèle aussi clairement les intentions de Marivaux : elle souligne sa volonté de mettre le théâtre « en abyme », d'organiser, en un mot, une comédie dans la comédie.

UNE RÉFLEXION IMPLICITE SUR LE THÉÂTRE

Le procédé de la mise en abyme est assez fréquent dans les pièces de Marivaux. On aurait tort cependant de ne voir en lui qu'un divertissement ou un jeu gratuit. Cette technique permet au dramaturge d'attirer l'attention du lecteur — ou du spectateur — sur les problèmes que pose le théâtre. La petite scène de séduction galante qu'improvisent Arlequin et Cléanthis (sc. 6) nous invite, par exemple, à méditer sur les liens qui unissent l'acteur à son personnage.

Des jeux théâtraux antithétiques[1]

Le jeu d'Arlequin

Au cours de la scène 6, Arlequin incarne explicitement le personnage d'Iphicrate. Il doit imiter les manières raffinées de son maître, adopter un langage qui n'est pas le sien, composer un personnage en tout point différent de lui-même. Il doit, à proprement parler, effectuer un travail de comédien.

Bien des éléments du texte prouvent au lecteur qu'Arlequin tente de se glisser dans la peau de son personnage pour jouer le rôle qui lui est imparti. L'ancien esclave, que sa partenaire nomme désormais « Monsieur » ou « Seigneur Iphicrate », s'exprime par exemple de manière plus soutenue : il suggère à Cléanthis de « n'épargne[r] point les mines[2] », s'agenouille « pour la convaincre de [ses] flammes, et de la sincérité de [ses] feux[3] » (sc. 6). Son langage est celui d'un noble aux manières raffinées, précieuses et souvent ridicules.

Arlequin est cependant incapable de s'identifier pleinement à son personnage. Il ne peut contraindre durablement sa nature, faire fi de sa bouffonnerie pendant toute une scène. À maintes reprises, l'acteur interrompt son travail de composition et laisse libre cours à sa spontanéité : « Ah ! ah ! ah ! que cela va bien ! Nous sommes aussi bouffons que nos patrons ; mais nous sommes plus sages » (sc. 6).

En riant comme il le fait, en sautant de joie, en s'applaudissant, Arlequin brise l'illusion de réalité sur laquelle repose le jeu théâtral. Refusant de se prendre au sérieux, il cesse d'être Iphicrate et redevient lui-même.

Dans cette perspective, le théâtre est un jeu au cours duquel le comédien enlève parfois son masque. Le visage qui apparaît alors est celui de la bonne humeur, du rire et de la farce.

---

1. L'antithèse est un procédé d'écriture qui consiste à opposer deux termes ou deux idées. Dans la scène 6, Arlequin et Cléanthis ont des comportements si différents qu'ils paraissent antithétiques, opposés, contradictoires.
2. Les « mines » sont les manières affectées, les minauderies d'une coquette.
3. Les termes « flammes » et « feux » désignent métaphoriquement l'amour. Ils témoignent de la préciosité du langage des maîtres.

Le jeu de Cléanthis

L'attitude de Cléanthis au cours de cette scène n'est en rien comparable à celle d'Arlequin. La jeune femme incarne le personnage d'Euphrosine avec sérieux et conviction. Ses manières sont celles de la coquette dont le portrait fut brossé au cours de la scène 3. Son langage ne sombre pas dans la parodie ou la caricature : il est celui d'une aristocrate qui feint d'être indifférente aux compliments qu'on lui adresse pour en susciter de plus tendres. Cléanthis minaude comme minaudait Euphrosine : l'actrice ne fait qu'un avec son personnage.

Les changements de ton et les ruptures que génère la bouffonnerie d'Arlequin portent atteinte au jeu de Cléanthis. Cette dernière s'en indigne lorsque son partenaire se met à rire : « Qu'avez-vous donc, vous défigurez notre conversation ? » ; « Oh vous riez, vous gâtez tout » (sc. 6). L'indignation qu'expriment ces paroles est la preuve que l'actrice se prend au sérieux, qu'elle est dupe de sa propre comédie.

Pour Cléanthis, le théâtre n'est pas un jeu. Il est indissociable de la réalité. En incarnant le personnage d'Euphrosine, Cléanthis a le sentiment de prendre *réellement* la place de sa maîtresse : le masque qu'elle arbore semble devenir son vrai visage.

Des conceptions théâtrales opposées

Arlequin et Cléanthis adoptent donc, au cours de cette petite scène de comédie amoureuse, deux attitudes antagonistes. Ces différences de comportement, pour ludiques qu'elles soient, ne sont pas dépourvues de signification.

Deux façons de concevoir le travail du comédien

La scène au cours de laquelle Arlequin et Cléanthis imitent leurs maîtres permet au dramaturge d'opposer deux façons de concevoir le travail du comédien. Elle annonce aussi, à sa manière, les réflexions que Diderot réunira un demi siècle plus tard dans l'essai intitulé *Le Paradoxe du comédien*[1].

Cléanthis croit à la réalité de l'être qu'elle incarne. Elle tend à oublier qui elle est, ce qu'elle ressent, ce qu'elle veut pour se glisser corps et âme dans la peau de son personnage. Son travail de comédienne consiste à combler la distance qui la sépare du modèle à imiter : le jeu théâtral qu'elle représente est fondé sur le principe de l'identification.

Arlequin est, en revanche, plus éloigné de son personnage. Le jeu théâtral qu'il représente est fondé sur la distance. L'acteur ne renonce pas à sa personnalité, à ses sentiments ou ses émotions : il feint d'être un autre mais reste lui-même[2]. Son travail de comédien consiste à dissocier être et paraître, à exprimer des sentiments que l'on n'éprouve pas, à mimer autrui sans cesser d'être soi. Le jeu théâtral que symbolise Arlequin est d'abord un jeu de masques[3].

La distance qu'Arlequin établit avec son personnage n'est pourtant pas celle qu'évoque Diderot dans *Le Paradoxe du comédien :* l'ancien esclave ne maîtrise pas, à proprement parler, son jeu théâtral ; il ne compose pas son personnage : son approche est exclusivement fondée sur l'improvisation et la bouffonnerie.

Deux façons de concevoir le théâtre

Les comportements antithétiques d'Arlequin et de Cléanthis renvoient également aux formes théâtrales dont Marivaux fut l'héritier.

Par ses facéties, sa vivacité et son inconstance, Arlequin représente la *commedia dell'arte*. Son attitude sur scène est à la fois

---

1. Dans cet essai publié en 1773, Diderot oppose l'acteur qui s'identifie totalement à son personnage au point d'en ressentir toutes les émotions à l'acteur qui « joue », « compose » son personnage en restant intérieurement détaché des émotions qu'il mime. Diderot marque nettement sa préférence pour ce second type de comédien : selon lui, un grand acteur est d'abord un illusionniste. Il nous donne l'impression qu'il est devenu autre mais n'engage pas sa propre sensibilité.
2. On remarquera toutefois que cette distance est involontaire dans le cas d'Arlequin : ce dernier feint d'être Iphicrate mais il n'y parvient pas.
3. Le comique de la situation vient du fait qu'Arlequin enlève fréquemment son masque pour montrer son vrai visage. Il transforme ainsi la petite scène de séduction galante à laquelle il participe en comédie farcesque.

ludique et farcesque. Avec lui, la scène de séduction galante (sc. 6) devient une sorte d'improvisation bouffonne proche des *lazzi* du théâtre de rue. Arlequin sait qu'il doit incarner son maître mais il ne peut s'empêcher de modifier, au fil des répliques, le schéma initialement mis en place par Cléanthis : le comédien ne récite pas un texte, il ne suit pas davantage les consignes du metteur en scène. Il « saute de joie », rit, s'applaudit lorsqu'il en a envie. Le théâtre qu'il représente est celui de la spontanéité.

Cléanthis est, en revanche, plus proche des personnages de Molière que de ceux de la *commedia dell'arte*. Son nom[1], sa maîtrise du langage, sa finesse psychologique donnent au lecteur le sentiment que la jeune femme appartient à une tradition plus littéraire. À la différence d'Arlequin, Cléanthis se conforme au projet théâtral défini dans les premières répliques de la scène : elle traite « l'amour à la grande manière », sans fantaisie, sans dérision, car c'est elle désormais qui se nomme Euphrosine. Le théâtre qu'elle représente est moins improvisé que celui de son partenaire. Il s'apparente plus aux comédies de mœurs moliéresques[2] qu'à la farce populaire.

L'originalité du théâtre de Marivaux est de faire la synthèse de ces deux traditions. Dans *L'Île des esclaves* le dramaturge est, à la fois, l'héritier de la *commedia dell'arte* et de la comédie française du XVIIe siècle, Molière faisant déjà partie de la tradition littéraire à l'époque de Marivaux.

1. Rappelons que Cléanthis porte le même nom qu'un personnage de Molière.

2. Molière est, en effet, l'un des meilleurs représentants de la *comédie de mœurs* qui fait son apparition en France au XVIIe siècle

11 Maîtres et valets : la portée politique et morale de la pièce

L'Île des esclaves est la première pièce de Marivaux qui ne soit pas centrée sur le thème de l'amour. Comme dans *L'Île de la raison* et *La Colonie*, le dramaturge y aborde les questions sociales, politiques et morales qui lui tiennent à cœur. Les conceptions que révèle cette courte comédie ne manquent pas d'audace.

LES ÉLÉMENTS D'UNE CRITIQUE SOCIALE

Sans prôner une société pleinement égalitaire, l'auteur de *L'Île des esclaves* s'interroge sur le poids des inégalités et dénonce les abus dont les maîtres sont coutumiers.

Une réflexion sur l'inégalité

La pièce de Marivaux débute, on le sait, par un renversement de situation : les esclaves deviennent maîtres, et les maîtres, esclaves. Le fait que cette inversion soit possible prouve que la hiérarchie sociale est arbitraire, qu'elle ne repose sur aucune vérité. En invitant Iphicrate et Arlequin à échanger leurs rôles, Trivelin entend démontrer que l'inégalité n'est pas une fatalité : les choses peuvent évoluer, se transformer, suivre un autre cours. La vie sociale est semblable au destin des hommes : elle est sujette aux caprices et sujette au hasard ; rien n'y est définitivement acquis.

La situation mise en place par le dramaturge dans l'exposition de la pièce ébranle les fondements sur lesquels repose la distinction entre maîtres et esclaves : Iphicrate et Euphrosine ne possèdent pas le pouvoir parce que Dieu les a choisis. Ils ne sont pas les maîtres parce qu'ils sont les plus forts, les plus cultivés, les plus intelligents. Le hasard leur a simplement permis de posséder, à la naissance, « de l'or, de l'argent et des dignités » (sc. 10).

Arlequin et Cléanthis n'ont, en revanche, pas eu cette chance. Ils n'en restent pas moins des êtres humains comme les autres. Maîtres et esclaves ne jouissent pas du même statut social, des mêmes privilèges, mais ils sont fondamentalement de même nature.

Une dénonciation de la servitude

Regarder ses subalternes comme on regarde « des vers de terre », injurier son domestique, le frapper parce qu'on en est maître est mille fois condamnable. Dans *L'Île des esclaves*, Marivaux dénonce sans ambiguïté le comportement tyrannique des maîtres : la brutalité, le mépris, la condescendance ou l'hypocrisie dont Iphicrate et Euphrosine font preuve sont des vices qu'il convient de corriger.

À l'image de Trivelin, le dramaturge ne se contente pas de faire taire les grands de ce monde : il entend aussi donner la parole aux exclus, rappeler que chaque individu mérite d'avoir une existence décente. Ce faisant, Marivaux s'élève contre les lois iniques de l'Ancien Régime. Qu'un maître comme Iphicrate ait le droit d'injurier ou de frapper son esclave, qu'il puisse en toute impunité le châtier par l'épée ou le gourdin est intolérable. Pour le dramaturge, ces abus de pouvoir sont d'un autre temps : aussi convient-il de les abolir.

Le fait que *L'Île des esclaves* s'inscrive dans un contexte antique est, à cet égard, d'une grande habileté. En évitant d'aborder de manière explicite les problèmes sociaux de son époque, le dramaturge se met d'abord prudemment à l'abri de la censure. Il dénonce aussi, avec plus de force, le caractère avilissant de la servitude : en attribuant le nom d'esclaves — et non celui de domestique — à deux de ses personnages, Marivaux montre combien les serviteurs de son temps sont méprisés et dévalorisés. Tel Iphicrate, bien des maîtres oublient, semble-t-il, de voir en eux des êtres humains.

LES PRINCIPES D'UN RÉFORMISME MORAL

En vérité, le dramaturge aspire moins à une remise en cause de l'ordre établi qu'à une réforme des comportements et des cœurs.

Un éveil des consciences

Il suffit pour s'en convaincre d'observer la façon dont la pièce évoque le sort des opprimés. Arlequin et Cléanthis sont défendus, réhabilités, revalorisés ; mais jamais ils ne sont présentés comme des êtres parfaits. Jamais le dramaturge n'oppose, de façon caricaturale, les mauvais maîtres aux bons esclaves. Selon lui, chaque être est à la fois bon et mauvais, vaniteux et vrai, fourbe et loyal.

Dans cette perspective, il importe moins de changer la société que de changer le cœur des hommes. Marivaux ne prône pas l'insurrection ; il ne cherche pas à renverser la hiérarchie sur laquelle repose le monde qu'il connaît : il pense qu'il faut éveiller les consciences, susciter la fraternité, assurer la paix sociale par la générosité, l'entraide et la vertu. La révolution qu'il revendique est morale sans être politique.

Une attitude plus humaine

Le dénouement de *L'Île des esclaves* est, à cet égard, très significatif. Au terme de l'épreuve, chaque personnage réintègre la place qu'il occupait dans la hiérarchie sociale. Ce retournement de situation n'est pas, comme on a pu le dire, l'expression d'un conservatisme à peine dissimulé. Marivaux ne se montre pas subitement conformiste et réactionnaire. Tout rentre dans « l'ordre accoutumé », certes, mais les hommes ne sont plus les mêmes. Iphicrate et Euphrosine ont pris conscience de l'aliénation qu'ils faisaient subir à leurs subalternes et ne se comportent plus en esclavagistes. Un visage humain apparaît enfin sous le masque de la barbarie.

UNE MISE EN SCÈNE DE LA COMÉDIE HUMAINE

Cette réforme des cœurs n'est possible que si les êtres acceptent d'enlever le masque qu'ils arborent en société.

L'inauthenticité de la vie sociale

La plupart des pièces de Marivaux mettent en scène des personnages qui se cachent sous des apparences trompeuses. Les uns se déguisent ou revêtent simplement le costume d'un proche ; d'autres dissimulent leur identité sous un nom d'emprunt ou mentent allégrement ; d'autres enfin décident de devenir acteurs et se donnent la réplique, créant à leur manière une comédie dans la comédie, un théâtre dans le théâtre. En dépit de leurs différences, ces personnages ont un point commun : tous avancent masqués et ne sont pas ce qu'ils paraissent être.

Les naufragés mis en scène dans *L'Île des esclaves* n'échappent pas à cette règle. L'échange des rôles qui leur est imposé, les jeux théâtraux auxquels se livrent les anciens esclaves, les minauderies et les « mines » de la coquette témoignent de cette importance accordée au paraître. Comme d'autres pièces de Marivaux, *L'Île des esclaves* repose sur un travestissement et de subtils jeux de masques.

Cette comédie des apparences n'est nullement gratuite. Elle permet au dramaturge de souligner l'inauthenticité de la vie sociale et la fausseté de certains comportements. Le portrait que Marivaux propose de la coquette au cours de la scène 3 est sur ce point très éloquent : « Madame se tait, Madame parle ; elle regarde, elle est triste, elle est gaie : silence, discours, regards, tristesse et joie, c'est tout un , il n'y a que la couleur de différente ». Euphrosine n'est en rien sincère. Les sentiments qu'elle exprime sont feints, ses manières sont affectées. Prisonnière du culte qu'elle voue au paraître, la coquette est entraînée dans le tourbillon d'une éternelle mise en scène des masques qu'elle arbore : son existence, illusoire et grotesque, est une comédie qu'elle joue à elle-même et aux autres.

Comme Calderón, Corneille ou Shakespeare, Marivaux voit dans le monde un vaste théâtre[1]. Chaque être y joue le rôle qui lui est assigné — ou que lui-même s'attribue — sans dévoiler sa propre vérité. La vie est une comédie dont les hommes sont les acteurs. Chacun d'eux y est souvent dupe des autres et de lui-même.

La recherche du « Monde vrai »

Dans la Sixième Feuille de l'essai intitulé *Le Cabinet du philosophe*, Marivaux distingue les « hommes faux » de ceux qu'il nomme les « hommes vrais ». À l'image de la coquette dont Cléanthis brosse le portrait, les premiers sont masqués et ne dévoilent jamais « leur âme ». Nous connaissons leurs apparences sans véritablement savoir qui ils sont. Les seconds vivent dans un monde étranger au nôtre. Ils ne sont pourtant « ni moins méchants, ni moins intéressés, ni moins fous » que les autres hommes : ils acceptent simplement, lorsqu'ils vivent en société, de montrer « leur âme à découvert ». Tels Arlequin à la fin de l'épreuve, ils sont authentiques et sincères.

Dans *L'Île des esclaves,* Marivaux ne décrit pas une société idéale. Il ne propose pas un modèle politique. Il montre simplement, en moraliste, qu'on ne peut connaître ses semblables sans « percer au travers du masque dont ils se couvrent ». Sans doute rêve-t-il aussi d'atteindre, par la magie de l'écriture, les confins du « Monde vrai » : là, tout n'est que confiance, transparence et sincérité.

1. *La Vie est un songe* de Calderón (1600-1681), *L'Illusion comique* de Corneille (1606-1684) ou *Hamlet* de Shakespeare (1564-1616) comportent, comme *L'Île des esclaves*, des scènes au cours desquelles le théâtre est mis en abyme (sur ce point voir ci-dessus, p. 75). Ces passages peuvent être perçus comme des miroirs de la réalité : le monde dans lequel nous vivons est une comédie dont le théâtre est un reflet.

TROISIÈME PARTIE

Six lectures méthodiques

Texte 1 | Scène 1

IPHICRATE, *après avoir soupiré.* — Arlequin !

ARLEQUIN, *avec une bouteille de vin qu'il a à sa ceinture.* — Mon patron.

IPHICRATE. — Que deviendrons-nous dans cette île ?

ARLEQUIN. — Nous deviendrons maigres, étiques, et puis morts de faim : voilà mon sentiment et notre histoire.

IPHICRATE. — Nous sommes seuls échappés du naufrage ; tous nos camarades ont péri, et j'envie maintenant leur sort.

ARLEQUIN. — Hélas ! ils sont noyés dans la mer, et nous avons la même commodité.

IPHICRATE. — Dis-moi : quand notre vaisseau s'est brisé contre le rocher, quelques-uns des nôtres ont eu le temps de se jeter dans la chaloupe ; il est vrai que les vagues l'ont enveloppée, je ne sais ce qu'elle est devenue ; mais peut-être auront-ils eu le bonheur d'aborder en quelque endroit de l'île, et je suis d'avis que nous les cherchions.

ARLEQUIN. — Cherchons, il n'y a pas de mal à cela ; mais reposons-nous auparavant pour boire un petit coup d'eau-de-vie : j'ai sauvé ma pauvre bouteille, la voilà ; j'en boirai les deux tiers, comme de raison, et puis je vous donnerai le reste.

IPHICRATE. — Eh ! ne perdons point de temps, suis-moi, ne négligeons rien pour nous tirer d'ici ; si je ne me sauve, je suis perdu, je ne reverrai jamais Athènes, car nous sommes dans l'Île des Esclaves.

ARLEQUIN. — Oh, oh ! qu'est-ce que c'est que cette race-là ?

IPHICRATE. — Ce sont des esclaves de la Grèce révoltés contre leurs maîtres, et qui depuis cent ans sont venus s'établir dans une île, et je crois que c'est ici : tiens, voici sans doute quelques-unes de leurs cases ; et leur coutume, mon cher Arlequin, est de tuer tous les maîtres qu'ils rencontrent, ou de les jeter dans l'esclavage.

ARLEQUIN. — Eh ! chaque pays a sa coutume ; ils tuent les maîtres, à la bonne heure, je l'ai entendu dire aussi, mais on dit qu'ils ne font rien aux esclaves comme moi.

IPHICRATE. — Cela est vrai.

ARLEQUIN. — Eh ! encore vit-on.

IPHICRATE. — Mais je suis en danger de perdre la liberté, et peut-être la vie ; Arlequin, cela ne suffit-il pas pour me plaindre ?

ARLEQUIN, *prenant sa bouteille pour boire.* — Ah ! je vous plains de tout mon cœur, cela est juste.

INTRODUCTION

Situer le passage

Cet extrait constitue ce que l'on nomme traditionnellement au théâtre l'exposition de la pièce. De *L'Île des esclaves*, le lecteur qui s'apprête à lire cette première scène ne connaît guère que le titre, la liste des personnages et la didascalie qui précède le dialogue[1]. Il aborde donc cette scène d'exposition en s'interrogeant : où et quand l'action se déroule-t-elle ? Quels en sont les principaux protagonistes ? En quoi l'intrigue consiste-t-elle ?

Dégager des axes de lecture

Le rôle de cette scène d'exposition est précisément d'apporter une réponse à ces questions. Elle est aussi, pour Marivaux, l'occasion de préparer le renversement des rôles et des pouvoirs sur lequel repose la signification même de la pièce.

1. « La scène est dans l'Île des Esclaves. Le théâtre représente une mer et des rochers d'un côté, et de l'autre quelques arbres et des maisons. »

PREMIER AXE DE LECTURE
UNE SCÈNE D'EXPOSITION

Les premières pages de *L'Île des esclaves* font entrer le lecteur dans l'univers de la fiction. Elles permettent de définir un cadre spatio-temporel, d'introduire les personnages et d'évoquer la situation critique dans laquelle ils se trouvent.

La mise en place d'un cadre spatio-temporel

– Les lieux : l'action se déroule, ainsi que le suggèrent le titre de la pièce et les propos des personnages, dans « l'Île des Esclaves ». Le lecteur ignore où se situe géographiquement cette île ; il sait, en revanche, qu'elle joue un rôle politique important puisqu'elle accueille, « depuis cent ans », « des esclaves révoltés contre leurs maîtres » (l. 29-30).

À ce lieu qui n'est l'objet d'aucune localisation s'oppose la ville d'Athènes d'où les naufragés sont originaires. Cette dernière n'est qu'un *ailleurs* que les protagonistes de l'action se contentent d'évoquer. Elle n'en reste pas moins, ainsi que le suggère l'évocation de l'esclavage, le symbole de l'oppression subie par les hommes de basse condition. Le changement de lieu qu'entraîne le naufrage est donc l'annonce d'une nouvelle situation sociale.

– Le moment : à ces deux indications de lieu répond, par ailleurs, un double ancrage dans le temps. Les propos tenus par les personnages et l'emploi des temps verbaux laissent clairement entendre que le présent s'oppose au passé : Arlequin qui était esclave à Athènes recouvre désormais une partie de sa liberté.

L'évocation d'Athènes et les allusions répétées à l'esclavage permettent également d'inscrire l'action dans le cadre temporel de la Grèce antique. On remarquera néanmoins qu'il s'agit là d'une pure convention, d'un travestissement destiné à masquer les véritables intentions de Marivaux. Le dramaturge situe le naufrage de ses personnages dans l'Antiquité pour pouvoir évoquer, en toute liberté, les problèmes inhérents à la société de son temps.

L'apparition des personnages

Cette scène d'exposition permet au lecteur de découvrir l'identité et la fonction sociale de deux personnages.

– Arlequin : de ce personnage, nous apprenons, dès la seconde réplique (l. 3), qu'il est aux ordres d'Iphicrate. Au cours du dialogue, Arlequin reconnaît lui-même, de manière explicite, son statut d'esclave : « On dit qu'il ne font rien aux esclaves comme moi» (l. 37).

Le choix de ce personnage, qui est l'une des figures majeures du théâtre de Marivaux, est par ailleurs très significatif. Conformément à ses origines italiennes, Arlequin est un valet bouffon et fantasque, insolent et facétieux. En découvrant ce personnage dans *L'Île des esclaves*, lecteurs et spectateurs peuvent s'attendre à quelque revirement de situation.

– Iphicrate : le second personnage de cette scène d'exposition s'oppose en tous points à la figure d'Arlequin. Iphicrate n'est pas issu de la *commedia dell'arte*. Son nom, d'origine grecque, ne connote ni la légèreté ni la bouffonnerie, puisqu'il désigne « celui qui règne par la force ». En dépit des paroles faussement aimables qu'il adresse à l'esclave (l. 33), Iphicrate est le maître. L'épée et le gourdin, évoqués dans les lignes qui suivent cet extrait, sont les attributs de son pouvoir.

La situation de l'action

Les premières répliques de la pièce servent enfin à relater les faits qui ont conduit Arlequin et Iphicrate dans *L'Île des esclaves*. Certains propos jouent, à cet égard, le rôle d'analepse, procédé consistant à évoquer, après coup, des événements antérieurs à l'histoire. Les termes appartenant au champ lexical de la navigation nous apprennent, par exemple, qu'un « vaisseau s'est brisé contre le(s) rocher(s) » (l. 13), entraînant la disparition d'une partie de l'équipage. Pour l'heure, le maître et son esclave sont « seuls échappés du naufrage » (l. 8-9). Ces événements ne permettent pas seulement de reconstituer le passé le plus proche : ils placent aussi les personnages de la pièce dans une situation inédite et précaire qui les oblige à concevoir un autre mode de vie et d'autres relations.

DEUXIÈME AXE DE LECTURE
L'ANNONCE D'UN RETOURNEMENT DE SITUATION

Cette scène d'ouverture préfigure un renversement de situation : le maître fragilisé perd de sa superbe ; l'esclave insolent se rebelle ; l'inversion des rôles est imminente.

Un maître fragilisé

Au cours de cette scène, Iphicrate exprime les dernières manifestations de son autorité. En témoignent les interpellations adressées à l'esclave (« Arlequin ! », l. 1 ; « Eh ! », l. 23), l'emploi du tutoiement et le recours aux phrases injonctives (« suis-moi », l. 23). Le terme par lequel Arlequin s'adresse à lui (« Mon patron », l. 3) souligne enfin le respect que l'esclave est censé devoir à son maître.

Du maître, Iphicrate possède aussi l'attitude égocentrique, ainsi que le suggère l'emploi réitéré du pronom personnel sujet *Je* (« si je ne me sauve, je suis perdu », l. 24-25). Indifférent à la souffrance que pourrait endurer Arlequin et à ce que leur sort peut avoir de commun, Iphicrate ne songe pas à sauver leur vie, mais la sienne.

Ce comportement est, en réalité, l'expression à peine dissimulée de la crainte. La didascalie sur laquelle s'ouvre le texte (l. 1) suggère l'accablement d'un homme qui ne sait comment échapper à son destin. Les interrogations adressées à l'esclave (l. 4 et 43) trahissent à la fois l'inquiétude et la vulnérabilité du personnage qui ne parvient plus à afficher sa supériorité. Fragilisé par les circonstances, Iphicrate avoue même, dans sa faiblesse, que les maîtres sont mis au ban de la société et tués (l. 33). Ce faisant, il précipite son malheur en donnant à Arlequin les moyens de se révolter.

Un esclave insolent et rebelle

Aux craintes d'Iphicrate s'oppose l'attitude désinvolte et décontractée d'Arlequin. Ce dernier ne cherche pas à fuir « l'Île des Esclaves » mais à s'y reposer la bouteille à la main. Refusant d'obtempérer aux ordres de son maître (l. 19 à 22), l'esclave paresse et souhaite profiter de la vie. Il refuse d'être une force de travail et ne veut pas se séparer de la bouteille, symbole de sa rébellion. Cette insoumission est perceptible dans le ton des propos que l'esclave adresse à son maître. Dès les premières répliques de la pièce, Arlequin répond avec une ironie moqueuse aux craintes d'Iphicrate. En témoigne le groupe ternaire à cadence croissante (« nous deviendrons maigres, étiques, et puis morts de faim », l. 5-6) par lequel l'esclave accroît l'angoisse du maître. En subalterne effronté, Arlequin se réjouit ouvertement du sort funeste que les insulaires réservent aux maîtres : « ils tuent les maîtres, à la bonne heure !» (l. 35-36).

Vers une inversion des rôles

Cette insolence annonce clairement l'inversion des rôles sur laquelle repose la signification de la pièce. La bouteille qui fait la joie d'Arlequin joue, en ce domaine, un rôle symbolique. En se proposant d'en boire, « comme de raison », « les deux tiers » et de laisser le reste à son maître, (l. 21), Arlequin inverse, de manière explicite, le code des prérogatives sociales : les privilèges du maître sont désormais abolis ; voici venu le temps de l'esclave.

Ce renversement de situation est facilité par l'attitude d'Iphicrate qui tente vainement d'amadouer Arlequin et de susciter sa pitié (l. 1). Incapable de se débrouiller seul dans un monde hostile, le maître en appelle à la charité d'un être pour lequel il n'eut jadis nulle compassion. Ce faisant, il se place sous la dépendance de l'esclave dont l'affranchissement est imminent.

CONCLUSION

Comment ne pas voir dans le naufrage du navire, sur lequel se trouvaient les personnages de cette première scène, le naufrage de l'ancien ordre social ? En perdant les moyens de revoir Athènes, Arlequin acquiert l'espoir de changer de condition. Tout porte à croire qu'il ne laissera pas passer la chance de connaître, un jour, une existence plus favorable.

Texte 2 | Scène 2

TRIVELIN. — Ne m'interrompez point, mes enfants ; je pense donc que vous savez qui nous sommes. Quand nos pères, irrités de la cruauté de leurs maîtres, quittèrent la Grèce et vinrent s'établir ici, dans le ressentiment des outrages qu'ils avaient reçus de leurs patrons, la première loi qu'ils y firent fut d'ôter la vie à tous les maîtres que le hasard ou le naufrage conduirait dans leur île, et conséquemment[1] de rendre la liberté à tous les esclaves : la vengeance avait dicté cette loi ; vingt ans après la raison l'abolit, et en dicta une plus douce. Nous ne nous vengeons plus de vous, nous vous corrigeons ; ce n'est plus votre vie que nous poursuivons, c'est la barbarie de vos cœurs que nous voulons détruire ; nous vous jetons dans l'esclavage pour vous rendre sensibles aux maux qu'on y éprouve ; nous vous humilions, afin que, nous trouvant superbes, vous vous reprochiez de l'avoir été. Votre esclavage, ou plutôt votre cours d'humanité, dure trois ans, au bout desquels on vous renvoie, si vos maîtres sont contents de vos progrès ; et si vous ne devenez pas meilleurs, nous vous retenons par charité pour les nouveaux malheureux que vous iriez faire encore ailleurs ; et par bonté pour vous, nous vous marions avec une de nos citoyennes. Ce sont là nos lois à cet égard, mettez à profit leur rigueur salutaire. Remerciez le sort qui vous conduit ici ; il vous remet en nos mains durs, injustes et superbes[2] ; vous voilà en mauvais état, nous entreprenons de vous guérir ; vous êtes moins nos esclaves que nos malades, et nous ne prenons que trois ans pour vous rendre sains ; c'est-à-dire humains, raisonnables, et généreux pour toute votre vie.

1. *Conséquemment* : ensuite, en conséquence.
2. *Superbes* : orgueilleux.

INTRODUCTION

Situer le passage

Trivelin, accompagné de Cléanthis et d'Euphrosine, rencontre Arlequin et Iphicrate au moment où ce dernier s'apprête à frapper son esclave d'une épée. Ce geste violent choque le gouverneur de l'île qui profite du flagrant délit pour exposer aux quatre personnages les lois auxquelles ils devront se soumettre. Sous le contrôle du gouverneur, maîtres et serviteurs sont contraints d'échanger noms, vêtements et conditions sociales. Iphicrate et Euphrosine se trouvent ainsi jetés « dans l'esclavage ».

Dégager des axes de lecture

Dans le monologue qui constitue cet extrait, Trivelin se comporte en homme de loi épris de raison et de justice sociale. Le « cours d'humanité » qu'il destine aux maîtres s'apparente à un projet thérapeutique.

PREMIER AXE DE LECTURE
TRIVELIN, REPRÉSENTANT DE LA LOI ET HOMME DE RAISON

Dans *L'Île des esclaves*, Trivelin joue le rôle de meneur de jeu. Représentant de la loi, il se porte garant de la justice entre les hommes. Préférant la raison à la vengeance, il se comporte en être tolérant et compréhensif.

L'homme de loi

Trivelin ne s'adresse pas aux quatre naufragés à titre personnel, mais au nom de l'institution qu'il représente. C'est la raison pour laquelle le pronom personnel sujet « nous » (l. 2 et 10) est constamment préféré à la première personne du singulier. Le gouverneur de l'île oublie qu'il fut jadis esclave pour exposer, sans la moindre forme de ressentiment personnel, les lois qui régissent la vie sociale de sa petite République.

Il n'en exprime pas moins, sur un ton énergique et directif, sa volonté de voir respecter l'autorité qu'il incarne. En témoignent l'emploi réitéré de phrases injonctives (« mettez à profit », l. 22 ; « remerciez le sort », l. 22) ou l'assertion catégorique « Ce sont là nos lois » (l. 21-22). La parole de Trivelin ne saurait être contestée parce qu'elle incarne une loi qui transcende les intérêts individuels.

L'homme de raison

En faisant respecter les lois en vigueur dans « l'Île des Esclaves », Trivelin fait également honneur à la mémoire de ses ancêtres. Les premières lignes de ce monologue sont d'ailleurs consacrées à la génération des « pères », qui furent, on le sait, d'anciens esclaves « révoltés contre leurs maîtres » (l. 2 à 8). Ce rappel historique est, pour le locuteur, l'occasion d'opposer deux façons de concevoir la mise à l'épreuve des naufragés. À l'esprit de vengeance, jadis pratiquée dans l'île (l. 8-9), se substitue une loi fondée sur la raison : les insulaires ne se vengent plus des maîtres par une mise à mort (l. 11) ; dépassant le stade de la rancœur personnelle, ils les corrigent dans l'espoir de les rendre meilleurs (l. 12). Ce faisant, ils manifestent leur foi en la raison humaine.

L'humaniste

Trivelin se comporte finalement en homme civilisé, tolérant et compréhensif. Il suffit pour s'en convaincre d'observer la dimension paternelle de certains de ses propos. L'expression « mes enfants » (l. 1) souligne ainsi la naturelle bienveillance du personnage. Symboliquement, elle donne aussi au gouverneur de l'île un statut de père.

En dépit de la dureté des lois qu'il expose, Trivelin se montre parfois compréhensif envers les maîtres déchus. Dans le passage qui précède cet extrait, le gouverneur permet d'abord à Iphicrate d'exprimer la rancœur que lui inspire l'inversion des rôles[1]. Dans ce monologue, Trivelin atténue également, à plusieurs reprises, la

1. Sur ce point, voir le début de la scène 2 de *L'Île des esclaves*.

sévérité de ses propos : la servitude dans laquelle Iphicrate et Euphrosine se trouvent jetés devient « un cours d'humanité » et l'ancien maître un malade

Le gouverneur de l'île humanise ses propos en justifiant l'épreuve qu'il impose aux maîtres. Cette dernière est moins une sanction qu'une thérapie.

DEUXIÈME AXE DE LECTURE
UN PROJET THÉRAPEUTIQUE

Dans ce monologue, Iphicrate et Euphrosine sont présentés comme des êtres malades qu'il convient de guérir. En se proposant de soigner le mal par le mal, Trivelin espère provoquer en eux une prise de conscience qui les rende meilleurs.

Soigner le mal par le mal

Le « cours d'humanité » imposé aux maîtres s'apparente, en effet, à une cure médicale, ainsi que le suggère l'emploi de termes appartenant au champ lexical de la médecine (« guérir », l. 25 ; « malades », l. 25 ; « en mauvais état », l. 24 ; « rendre sains », l. 26). Pour bénéfique qu'elle soit, cette thérapie n'en reste pas moins une épreuve redoutable puisque le mal y est délibérément soigné par le mal. L'inversion des rôles qu'impose Trivelin est, en effet, le meilleur moyen de faire subir aux maîtres ce qu'ils ont jadis fait subir à leurs esclaves. Cruauté, humiliations, moqueries, mépris et rudoiements, tels seront les remèdes apportés à la « barbarie de (leurs) cœurs » (l. 12). Iphicrate et Euphrosine « jetés dans l'esclavage » seront peut-être « sensibles aux maux qu'on y éprouve » (l. 13-14).

Opérer une prise de conscience

Cette mise à l'épreuve n'est nullement présentée par Trivelin comme une fin en soi. En recourant, à deux reprises, à des propositions subordonnées circonstancielles de but (« nous vous jetons dans l'esclavage <u>pour</u> vous rendre sensibles... » ; « nous vous humilions, <u>afin que</u> ... », l. 13 à 15), le gouverneur de l'île laisse entendre que la mise à l'épreuve des maîtres obéit à des intentions précises et raisonnées. Sa finalité est d'amener Iphicrate et Euphrosine à prendre conscience de leur cruauté et de leurs erreurs. En devenant à leur tour esclaves, ces derniers verront comment se comportent ceux qui ont le pouvoir et qui en abusent. Ils se verront tels qu'ils sont, dans le miroir que leur offrent les autres.

Redevenir humains

Cette prise de conscience est nécessaire à la transformation des cœurs que souhaite Trivelin. À l'issue de l'épreuve, Iphicrate et Euphrosine devront s'être débarrassés de leur méchanceté et de l'iniquité qu'engendre l'exercice du pouvoir. Sans doute recouvreront-ils alors leur humanité. L'emploi de multiples termes appartenant au champ lexical des sentiments (« sensibles », l. 13 ; « superbes », l. 15 ; « meilleurs », l. 18 ; « bonté », l. 20) laisse entendre combien cette dimension humaine importe au gouverneur de l'île. L'homme se doit d'être juste et bon, mais ces qualités ne sauraient être acquises sans efforts. On remarquera, à cet égard, que le texte se clôt sur l'opposition de deux groupes ternaires particulièrement significatifs : les maîtres, qui étaient jadis « durs, injustes et superbes » (l. 24), deviendront, s'ils veulent s'en donner la peine, « humains, raisonnables et généreux » (l. 27-28). En opposant terme à terme ces qualités et ces défauts, Trivelin permet à ses interlocuteurs de mesurer les bienfaits de la thérapie qui leur est proposée.

CONCLUSION

L'homme de loi que rencontrent les naufragés ne se comporte pas en administrateur froid et résigné. Derrière ses propos empreints de ferveur, affleure un humanisme équitable et généreux. Par sa bienveillante fermeté, ce personnage permettra aux maîtres déchus d'accéder à la pleine dimension de leur humanité.

Texte 3 | Scène 3

CLÉANTHIS. — [...]; je vous ai dit de m'interroger; mais par où commencer, je n'en sais rien, je m'y perds; il y a tant de choses, j'en ai tant vu, tant remarqué de toutes les espèces, que cela me brouille. Madame se tait, Madame parle; elle regarde, elle est triste, elle est gaie: silence, discours, regards, tristesse, et joie, c'est tout un, il n'y a que la couleur de différente; c'est vanité muette, contente ou fâchée; c'est coquetterie babillarde, jalouse ou curieuse; c'est Madame, toujours vaine ou coquette l'un après l'autre, ou tous les deux à la fois: voilà ce que c'est, voilà par où je débute, rien que cela.

EUPHROSINE. — Je n'y saurais tenir.

TRIVELIN. — Attendez donc, ce n'est qu'un début.

CLÉANTHIS. — Madame se lève; a-t-elle bien dormi, le sommeil l'a-t-il rendue belle, se sent-elle du vif, du sémillant dans les yeux? vite sur les armes, la journée sera glorieuse: Qu'on m'habille! Madame verra du monde aujourd'hui; elle ira aux spectacles, aux promenades, aux assemblées; son visage peut se manifester, peut soutenir le grand jour, il fera plaisir à voir, il n'y a qu'à le promener hardiment, il est en état, il n'y a rien à craindre.

TRIVELIN, *à Euphrosine.* —Elle développe assez bien cela.

CLÉANTHIS. — Madame, au contraire, a-t-elle mal reposé? Ah! qu'on m'apporte un miroir! comme me voilà faite! que je suis mal bâtie! Cependant on se mire, on éprouve son visage de toutes les façons, rien ne réussit; des yeux battus, un teint fatigué; voilà qui est fini, il faut envelopper ce visage-là, nous n'aurons que du négligé, Madame ne verra personne aujourd'hui, pas même le jour, si elle peut; du moins fera-t-il sombre dans la chambre. Cependant il vient compagnie, on entre : que va-t-on penser du visage de Madame ? on croira qu'elle enlaidit : donnera-t-elle ce plaisir-là à ses bonnes amies ? non, il y a remède à tout : vous allez voir. Comment vous portez-vous, Madame ? Très mal, Madame : j'ai perdu le sommeil ; il y a huit jours que je n'ai fermé l'œil ; je n'ose pas me montrer, je fais peur. Et cela veut dire : Messieurs, figurez-vous que ce n'est point moi, au moins ; ne me regardez pas ; remettez à me voir ; ne me jugez pas aujourd'hui ; attendez que j'aie dormi. J'entendais tout cela, moi.

INTRODUCTION

Situer le passage

Trivelin a ordonné aux maîtres et à leurs serviteurs d'échanger noms, vêtements et conditions. Après avoir jeté Iphicrate et Euphrosine « dans l'esclavage », le gouverneur de l'île propose à Cléanthis d'effectuer un portrait, aussi juste que possible, de sa maîtresse. Cette seconde épreuve permettra à la jeune noble de prendre conscience de ses « torts » et « de ses ridicules ».

Dégager des axes de lecture

Cléanthis brosse le portrait d'une coquette prisonnière des codes mondains de la séduction galante. Le regard satirique qui est posé sur elle porte la marque des humiliations subies par l'ancienne esclave.

PREMIER AXE DE LECTURE
LE PORTRAIT D'UNE COQUETTE

Euphrosine est un être narcissique, superficiel et changeant dont Cléanthis effectue un portrait criant de vérité.

Un être narcissique

Comme Narcisse, personnage de la mythologie grecque épris de sa propre image, Euphrosine voue un culte à ses apparences. Sa coquetterie est la manifestation, égoïste et narcissique, de cette préférence pour soi-même qu'est l'amour-propre. Entièrement tournée vers elle-même, Euphrosine se place au centre de son univers : que les autres l'écoutent, la regardent et l'admirent lui paraît normal. C'est ce que suggère, dans le discours rapporté par Cléanthis, l'emploi réitéré des pronoms personnels sujets ou compléments « je », « me » ou « moi » (« qu'on m'habille », l. 17 ; « que je suis mal bâtie ! », l. 25 ; « ce n'est point moi », l. 37-38).

Euphrosine, animée d'une vanité sans borne, consacre l'essentiel de son temps à se contempler. Qu'elle s'enorgueillisse ou se désespère de son visage, la coquette est prisonnière de l'image qu'elle souhaite donner aux autres. Que Madame soit « belle » et « la journée sera glorieuse » (l. 17) ; qu'elle ait « le teint fatigué » et elle « ne verra personne » (l. 29). Bien qu'opposées, ces deux attitudes ont un point commun : dans l'un et l'autre cas, Euphrosine dépend de son miroir, objet symbolique qui reflète le caractère superficiel de la coquette.

Un être superficiel et changeant

Euphrosine nous est également présentée comme une femme futile, soumise à la tyrannie du paraître. Ses joies et ses peines, ses propos, ses regards et ses minauderies sont moins l'expression de sentiments sincères qu'un ensemble d'artifices et de simulations. La coquette feint ainsi d'avoir « perdu le sommeil » pour justifier un « teint (plus) fatigué » que d'ordinaire (l. 27). Qu'importe ce qu'elle éprouve réellement : seule compte la comédie des apparences !

Ce comportement superficiel génère une instabilité que suggèrent les antithèses « Madame se tait, Madame parle », « elle est triste, elle est gaie » (l. 4-5). Cléanthis montre qu'Euphrosine est une femme instable, versatile et changeante. Selon ses humeurs, cette dernière est, tour à tour, femme séductrice et enfant boudeuse, coquette « babillarde » et coquette « fâchée » (l. 8). Elle est moins un être qu'une succession d'êtres. Prisonnière du culte qu'elle voue au paraître, elle se trouve entraînée dans le tourbillon d'une perpétuelle mise en scène des masques qu'elle arbore.

Un miroir véridique et révélateur

En brossant le portrait de son ancienne maîtresse, Cléanthis prouve qu'elle n'est pas dupe de cette comédie dont elle révèle les artifices et les faux-semblants. L'épreuve imaginée par Trivelin place Euphrosine devant l'évidence de sa vanité. La coquette, mise à nu par les propos de l'esclave, se découvre telle qu'elle est réellement et telle que la voient les autres : « Vaine, minaudière et coquette ». Par son unique intervention (« Je n'y saurais tenir », l. 12), la jeune noble prouve à ses interlocuteurs combien ce portrait l'affecte : les propos tenus par Cléanthis sont, à ses yeux, insupportables parce qu'ils sont criants de vérité.

Le portrait que brosse Cléanthis, fonctionne, à sa manière, comme un miroir. Non le miroir mensonger du cabinet de toilette par lequel la coquette entretenait son narcissisme et sa vaniteuse fausseté (l. 24) ; mais un miroir de paroles, réaliste et véridique, dans lequel les défauts se trouvent subitement révélés. En révélant à Euphrosine ses « ridicules », Cléanthis arrache le masque de la vanité et révèle le véritable visage de la coquette. Ce faisant, elle exprime aussi le ressentiment qu'elle éprouve.

DEUXIÈME AXE DE LECTURE
UNE SATIRE SANS COMPLAISANCE

Pour réaliste qu'il soit, ce portrait d'Euphrosine n'en reste pas moins l'occasion d'une vengeance personnelle. Les propos emportés de Cléanthis et l'expression de sa rancœur confèrent une tonalité satirique au portrait de la coquette.

Des propos vifs et emportés

Cléanthis se montre incapable de parler de son ancienne maîtresse avec mesure et retenue. Dès les premières lignes de sa réplique, le rythme de ses propos s'accélère, ainsi que le suggère l'emploi de propositions brèves et de rythmes binaires : « je n'en sais rien, je m'y perds » (l. 2) ; « j'en ai tant vu, tant remarqué » (l. 3). La façon dont sont évoquées les minauderies de la coquette mérite d'être commentée : en pratiquant la parataxe, procédé qui consiste à juxtaposer des propositions sans lien de coordination (l. 4 à 9), Cléanthis ne se contente pas d'énumérer les défauts et les contradictions d'Euphrosine : la vivacité même du discours témoigne de l'exaspération de l'ancienne servante.

L'agitation de Cléanthis est à son paroxysme dans la dernière partie du portrait. Dans son emportement, Cléanthis joue plusieurs rôles à la fois, en omettant de préciser qui parle à travers elle. Il suffit pour s'en convaincre d'observer la façon dont elle emploie les pronoms personnels sujet « vous » et « je » dans un même passage (l. 31 à 40). Après s'être adressée à Trivelin (« vous allez voir », l. 34), Cléanthis joue le rôle d'une dame de compagnie venue rendre visite à Euphrosine (« comment vous portez-vous, madame ? », l. 34), avant de rapporter les propos de son ancienne maîtresse à la première personne (« Très mal, j'ai perdu le sommeil », l. 35). Il en résulte une sorte de tourbillon verbal par lequel l'esclave affranchie libère son ressentiment.

L'expression d'une rancœur

La rancœur de Cléanthis est nettement perceptible dans ce passage. On remarquera d'abord que la jeune femme ne désigne jamais son ancienne maîtresse par son prénom, mais par des termes chargés de connotations négatives. Le substantif « Madame », ennobli par l'emploi de la majuscule (l. 23 et 32), rappelle, non sans ironie, la déférence que la servante était censée devoir à sa maîtresse. En désignant Euphrosine par l'emploi de l'adjectif démonstratif « c'est » (l. 6 et 7) ou du pronom indéfini « on » (l. 25), Cléanthis abandonne ces marques de respect pour traiter avec sarcasme et mépris celle qui l'a jadis fait souffrir.

Le lien hiérarchique qui assujétit l'esclave au maître est définitivement rompu dans cette scène puisque Cléanthis n'hésite pas à dévoiler les secrets d'Euphrosine. Qu'elle révèle ouvertement sa mascarade (l. 33 à 39) ou singe ses minauderies (l. 24-25), l'esclave se venge en fustigeant les mœurs de la coquette. Ses propos acquièrent alors une dimension satirique.

Une satire de la coquetterie

Ce portrait d'Euphrosine est, pour Marivaux, l'occasion de railler le comportement des femmes galantes de l'aristocratie de son époque. Le dramaturge fustige les clichés sociaux auxquels se prêtent les coquettes : séduire sans jamais aimer, composer son visage en dissimulant ses véritables intentions, quêter l'éloge des flatteurs et des dupes ; aller « aux spectacles, aux promenades, aux assemblées » (l. 18-19), non par goût personnel, mais par adhésion aux conventions sociales. Marivaux s'en prend moins ainsi à la coquette qu'est Euphrosine qu'à la coquetterie elle-même.

Le fait que son personnage porte le nom d'une des trois Grâces de la mythologie grecque est, à cet égard, très significatif. Ce choix laisse entendre, non sans ironie, que la coquette se prend pour un être d'exception qui entend rivaliser avec les déesses de la Beauté. Sans doute oublie-t-elle, par vanité, que son pouvoir de séduction est aussi illusoire qu'éphémère.

Marivaux se montre d'autant plus ironique que le nom « Euphrosine » désigne littéralement en grec celle qui est « emplie de joie ». Belle antiphrase lorsque l'on sait dans quel désespoir la maîtresse déchue se trouve plongée !

CONCLUSION

En brossant un portrait caricatural de la coquette, Marivaux se moque de ces femmes futiles et insipides, pour qui seules comptent les apparences et la séduction. Ce faisant, il met à jour l'inauthenticité des êtres et la vaste comédie humaine à laquelle chacun se prête. Néanmoins, l'espoir existe : il consiste, comme l'écrit le dramaturge dans l'essai intitulé *Le Cabinet du philosophe*, à « percer au travers du masque dont (les êtres) se couvrent » pour découvrir un visage authentique.

Texte 4 | Scène 6

ARLEQUIN, *à Iphicrate.* — Qu'on se retire à dix pas! (*Iphicrate et Euphrosine s'éloignent en faisant des gestes d'étonnement et de douleur. Cléanthis regarde aller Iphicrate, et Arlequin Euphrosine.*)

ARLEQUIN, *se promenant sur le théâtre avec Cléanthis.* — Remarquez-vous, Madame, la clarté du jour?

CLÉANTHIS. — Il fait le plus beau temps du monde; on appelle cela un jour tendre.

ARLEQUIN. — Un jour tendre? Je ressemble donc au jour, Madame?

CLÉANTHIS. — Comment, vous lui ressemblez?

ARLEQUIN. — Et palsambleu! le moyen de n'être pas tendre, quand on se trouve tête à tête avec vos grâces? (*À ce mot il saute de joie.*) Oh! oh! oh! oh!

CLÉANTHIS. — Qu'avez-vous donc, vous défigurez notre conversation?

ARLEQUIN. — Oh! ce n'est rien, c'est que je m'applaudis.

CLÉANTHIS. — Rayez ces applaudissements, ils nous dérangent. (*Continuant.*) Je savais bien que mes grâces entreraient pour quelque chose ici. Monsieur, vous êtes galant, vous vous promenez avec moi, vous me dites des douceurs; mais finissons, en voilà assez, je vous dispense des compliments.

ARLEQUIN. — Et moi, je vous remercie de vos dispenses.

CLÉANTHIS. — Vous m'allez dire que vous m'aimez, je le vois bien: dites, Monsieur, dites, heureusement, on n'en croira rien; vous êtes aimable, mais coquet, et vous ne persuaderez pas.

ARLEQUIN, *l'arrêtant par le bras, et se mettant à genoux.* — Faut-il m'agenouiller, Madame, pour vous convaincre de mes flammes, et de la sincérité de mes feux ?

CLÉANTHIS. — Mais ceci devient sérieux. Laissez-moi, je ne veux point d'affaire ; levez-vous. Quelle vivacité ! Faut-il vous dire qu'on vous aime ? Ne peut-on en être quitte à moins ? Cela est étrange !

ARLEQUIN, *riant à genoux.* — Ah ! ah ! ah ! que cela va bien ! Nous sommes aussi bouffons que nos patrons ; mais nous sommes plus sages.

INTRODUCTION

Situer le passage

Arlequin et Cléanthis, promus au rang de maître, jouissent désormais d'une situation favorable. L'un et l'autre ont amené Iphicrate et Euphrosine à reconnaître la vérité des portraits brossés sous la conduite de Trivelin. En l'absence de ce meneur de jeu, les anciens esclaves entreprennent de singer les attitudes de leurs maîtres déchus en jouant une scène d'amour à la manière du « grand monde ».

Dégager des axes de lecture

Au cours de cette scène, Arlequin et Cléanthis parodient les codes galants du dialogue sentimental. Ce faisant, ils se donnent la comédie, offrant aux spectateurs une authentique scène de théâtre dans le théâtre.

PREMIER AXE DE LECTURE
UNE SCÈNE DE PARODIE

En jouant cette scène d'amour « à la grande manière », Arlequin et Cléanthis parodient leurs anciens maîtres qui assistent impuissants à la contrefaçon de leurs attitudes.

Les codes de la conversation galante

Au cours de cette scène, Arlequin et Cléanthis imitent le comportement sentimental de leurs maîtres en adoptant les codes de la séduction mondaine.

La façon dont Arlequin courtise sa compagne est révélatrice Qu'il se promène au bras de sa dame (l. 5) ou s'agenouille pour déclarer sa flamme (l. 29), le jeune homme adopte les attitudes galantes des aristocrates. Son vocabulaire, métaphorique et précieux, n'est plus celui auquel ses origines roturières et son franc parler nous avaient habitués : Arlequin s'adresse à Cléanthis en la nommant « Madame » (l. 6 et 30) ; il feint de s'intéresser à la douceur du temps (l. 9-10) pour faire adroitement tomber l'entretien sur les sentiments que lui inspire la belle. Il recourt enfin à la métaphore du feu pour désigner l'intensité de sa passion : « Faut-il m'agenouiller, Madame, pour vous convaincre de mes flammes, et de la sincérité de mes feux ? », (l. 30-31). Renonçant à sa rusticité, il sacrifie au raffinement verbal et aux conventions galantes des aristocrates.

Cléanthis ne se comporte pas différemment. Elle incite son partenaire à se déclarer en employant, avec subtilité, les champs lexicaux du sentiment et de la séduction : « on appelle cela un jour tendre », l. 8 ; « vous êtes galant », l. 20-21 ; « vous me dites des douceurs », l. 21-22. L'évocation de ses propres « grâces » (l. 19) ou l'emploi de l'adjectif « aimable » — qui désigne étymologiquement celui qui est « digne d'être aimé » — contribuent à éveiller le désir de celui qui la courtise.

Les artifices du cœur

Pour raffinée qu'elle paraisse, cette scène de séduction n'en reste pas moins ridiculement artificielle. Arlequin et Cléanthis imitent leurs maîtres sans véritablement s'éprendre l'un de l'autre. Jamais Arlequin ne tombe réellement amoureux de Cléanthis ; jamais cette dernière n'exprime des sentiments sincères.

Le jeu auquel l'un et l'autre se livrent est destiné à dénoncer le caractère mensonger de bien des pratiques galantes. Les aristocrates obéissent à des conventions dépourvues d'authenticité. Leur langage est à la fois artificiel et stéréotypé ; leurs attitudes sont feintes, leurs aveux hypocrites et affectés. En faisant remarquer à Arlequin qu'il est « aimable mais coquet », Cléanthis met à jour les mécanismes de la séduction : la « belle conversation » est une comédie dans laquelle les êtres sont généralement dupes les uns des autres.

Les formes de la parodie

Arlequin et Cléanthis parodient les comportements aristocratiques sans adopter, pour autant, une attitude similaire.

L'ancien esclave singe les manières d'Iphicrate, mais ne se prend jamais véritablement au jeu. En témoigne la façon dont il interrompt la scène de séduction pour rire de ses mœurs galantes : « Et palsambleu le moyen de n'être pas tendre, quand on se trouve tête à tête avec vos grâces. Oh ! oh ! oh ! oh ! », (l. 12 à 14). Les éclats de rire d'Arlequin et l'emploi du juron populaire « palsambleu » créent un soudain changement de registre qui tourne en dérision ses manières raffinées.

Cléanthis se comporte, en revanche, de façon différente. Sans jamais rire de son propre jeu, la jeune femme se prend au sérieux et s'indigne du comportement de son partenaire. Elle intervient pour blâmer les pitreries d'Arlequin : « vous défigurez notre conversation », (l. 15-16). Sous la plume de Marivaux, cette attitude est également une forme de parodie : en se prenant au sérieux, Cléanthis tend à prouver que les aristocrates sont dupes du jeu auquel ils se livrent. Prisonniers des codes de la vie galante, ces êtres ont perdu toute lucidité, toute authenticité. Leur vie est une comédie dont ils sont les acteurs.

DEUXIÈME AXE DE LECTURE UNE SCÈNE DE THÉÂTRE DANS LE THÉÂTRE

Cette dénonciation de la comédie humaine est d'autant plus forte qu'Arlequin et Cléanthis jouent, à leur manière, une petite scène de théâtre impromptue.

Un changement de rôles

La didascalie qui introduit cet extrait (l. 2 à 5) laisse clairement entendre que les personnages se donnent la comédie. Le fait qu'Arlequin et Cléanthis se promènent « sur le théâtre » (l. 5), et non aux abords d'un village indigène ou sur une plage, est en effet très significatif : la scène sur laquelle évoluent les personnages ne représente plus une île, mais le monde du théâtre que le dramaturge se plaît à mettre en abyme[1].

Il en résulte un changement de rôle des personnages. Au cours de cette scène, Arlequin et Cléanthis, devenus comédiens, incarnent des personnages de l'aristocratie. L'emploi réitéré des termes « Madame » et « Monsieur », la préciosité du vocabulaire et le vouvoiement témoignent de ce changement d'identité.

Des éléments de mise en scène

Les anciens valets sont aussi metteurs en scène de la petite comédie sentimentale qu'ils improvisent. Dans le passage qui précède cet extrait, Cléanthis a pris le temps d'organiser la trame de leur brève représentation théâtrale. Les répliques indignées qu'elle adresse à son partenaire au cours de ce passage (l. 15-16 et 18-19) témoignent de son désir d'être, tout à la fois, comédienne et metteur en scène. De là, le double langage qu'elle adopte : la jeune femme joue le rôle d'une parfaite coquette lorsqu'elle s'exclame, à l'adresse de celui qui la courtise : « Quelle vivacité ! Faut-il vous dire qu'on vous aime ? » (l. 33-34). Elle est, en revanche, metteur en scène lorsqu'elle vitupère Arlequin, comédien incapable de tenir durablement son rôle : « Qu'avez-vous donc, vous défigurez notre conversation », (l. 15-16).

Enfin, Arlequin et Cléanthis n'oublient pas que le théâtre, art du spectacle, suppose la présence de spectateurs. La didascalie initiale laisse entendre qu'Iphicrate et Euphrosine, réduits au silence, jouent ce rôle auprès de leurs anciens esclaves. Parce qu'ils assistent, impuissants, à la contrefaçon de leurs attitudes, les maîtres déchus sont ainsi spectateurs de la comédie qui les ridiculise.

1. À propos de la mise en abyme du théâtre, procédé qui consiste à faire jouer aux personnages une comédie dans la comédie, voir ci-dessus, chapitre 10 p. 75.

Des jeux théâtraux antithétiques

Les acteurs qu'Iphicrate et Euphrosine découvrent sur scène n'appréhendent pas le rôle qui leur est imparti de façon similaire.

Incapable de s'identifier pleinement à son personnage, Arlequin ne peut contraindre durablement sa nature, faire fi de sa bouffonnerie et renoncer à sa sincérité naturelle. Aussi laisse-t-il libre cours à sa spontanéité. Par ses éclats de rire (l. 14 et 36), le jeune homme brise l'illusion sur laquelle repose le jeu théâtral, cesse d'être Iphicrate et redevient lui-même. Ses facéties, sa vivacité et son inconstance rappellent que le personnage est issu de la *commedia dell'arte.* Avec Arlequin, la scène de séduction galante devient une improvisation bouffonne.

Cléanthis incarne, en revanche, son personnage avec sérieux et conviction. Ses manières sont celles d'une coquette qui feint d'être indifférente aux compliments qu'on lui adresse pour en susciter de plus tendres. Elle minaude comme minaudait Euphrosine. Son travail de comédienne consiste donc à combler la distance qui la sépare du modèle à imiter, à se glisser dans la peau d'Euphrosine. Elle est ainsi plus proche des personnages de Molière que de ceux de la *commedia dell'arte*. Le théâtre qu'elle représente est moins improvisé que celui de son partenaire.

CONCLUSION

L'originalité de cette scène n'est pas seulement de faire la synthèse de deux pratiques théâtrales dont le dramaturge est l'héritier. En faisant jouer à ses personnages une comédie dans la comédie, Marivaux tourne en dérision les comportements aristocratiques de son temps. Il conçoit ainsi une œuvre d'une étonnante modernité.

Texte 5 | Scène 9

IPHICRATE. — D'ailleurs, ne fallait-il pas te corriger de tes défauts ?

ARLEQUIN. — J'ai plus pâti des tiens que des miens : mes plus grands défauts, c'était ta mauvaise humeur, ton autorité, et le peu de cas que tu faisais de ton pauvre esclave.

IPHICRATE. — Va, tu n'es qu'un ingrat ; au lieu de me secourir ici, de partager mon affliction, de montrer à tes camarades l'exemple d'un attachement qui les eût touchés, qui les eût engagés peut-être à renoncer à leur coutume ou à m'en affranchir, et qui m'eût pénétré moi-même de la plus vive reconnaissance.

ARLEQUIN. — Tu as raison, mon ami, tu me remontres bien mon devoir ici pour toi, mais tu n'as jamais su le tien pour moi, quand nous étions dans Athènes. Tu veux que je partage ton affliction, et jamais tu n'as partagé la mienne. Eh bien va, je dois avoir le cœur meilleur que toi, car il y a longtemps que je souffre, et que je sais ce que c'est que de la peine ; tu m'as battu par amitié, puisque tu le dis, je te le pardonne ; je t'ai raillé par bonne humeur, prends-le en bonne part, et fais-en ton profit. Je parlerai en ta faveur à mes camarades, je les prierai de te renvoyer ; et s'ils ne le veulent pas, je te garderai comme mon ami ; car je ne te ressemble pas, moi, je n'aurais point le courage d'être heureux à tes dépens.

IPHICRATE, *s'approchant d'Arlequin.* — Mon cher Arlequin ! Fasse le Ciel, après ce que je viens d'entendre, que j'aie la joie de te montrer un jour les sentiments que tu me donnes pour toi ! Va, mon cher enfant, oublie que tu fus mon esclave, et je me ressouviendrai toujours que je ne méritais pas d'être ton maître.

ARLEQUIN. — Ne dites donc point comme cela, mon cher patron ; si j'avais été votre pareil, je n'aurais peut-être pas mieux valu que vous. C'est à moi à vous demander pardon du mauvais service que je vous ai toujours rendu. Quand vous n'étiez pas raisonnable, c'était ma faute.

IPHICRATE, *l'embrassant.* — Ta générosité me couvre de confusion.

ARLEQUIN. — Mon pauvre patron, qu'il y a de plaisir à bien faire ! (*Après quoi il déshabille son maître.*)

IPHICRATE. — Que fais-tu, mon cher ami ?

ARLEQUIN. — Rendez-moi mon habit, et reprenez le vôtre, je ne suis pas digne de le porter.

IPHICRATE. — Je ne saurais retenir mes larmes ! Fais ce que tu voudras.

INTRODUCTION

Situer le passage

Au cours des scènes précédant cet extrait, Arlequin et Cléanthis ont parodié les mœurs galantes de leurs maîtres en jouant une scène d'amour « à la grande manière ». Par jeu, l'un et l'autre envisagent ensuite de s'éprendre de leurs anciens maîtres : Arlequin tente de séduire Euphrosine, mais sa déclaration tourne court tant la douleur de la jeune femme l'émeut. Au début de la scène 9, Arlequin vient avertir Iphicrate des projets sentimentaux de Cléanthis et lui demande « d'aimer la nouvelle Euphrosine ». Le maître déchu s'en offusque. La conversation dérive alors sur la nature des relations qui unissent le maître à l'esclave.

Dégager des axes de lecture

À la fin de cette conversation, Arlequin reprend ses habits de serviteur et renonce à son statut de maître. Cet apparent retour à la situation initiale dissimule, en réalité, une belle leçon d'humanité puisqu'Arlequin pardonne à son maître qui reconnaît les abus auxquels il s'est jadis livré.

PREMIER AXE DE LECTURE
UN APPARENT RETOUR À LA SITUATION INITIALE

Au cours de cet extrait, Arlequin et Iphicrate dressent un bilan de leurs relations. Leurs résolutions aboutissent à un nouvel échange des noms, des vêtements et des conditions.

Une scène de bilan

Dès les premières répliques du texte, les personnages évoquent les relations qu'ils entretenaient avant le naufrage en recourant à l'imparfait et au passé composé : « Ne fallait-il pas te corriger de tes défauts ? », (l. 1) ; « J'ai plus pâti de tes défauts que des miens », (l. 3). Arlequin fait même explicitement référence au passé en évoquant « l'affliction » qui était la sienne « dans Athènes » (l. 14).

Cette évocation du passé s'accompagne d'une volonté de peser les souffrances et les torts de chacun. Aux plaintes d'Iphicrate (l. 6 à 11) répondent les justes récriminations d'Arlequin qui ne peut oublier le sort qui lui fut jadis réservé. Ce dernier reprend les termes par lesquels Iphicrate se lamente : les allusions répétées aux « défauts » de l'esclave et à « l'affliction » du maître témoignent d'un désir de comparer la situation de chacun. Par une habile utilisation des adjectifs et des pronoms possessifs, Arlequin établit un parallélisme entre leurs situations respectives : (« J'ai plus pâti des tiens que des miens : mes plus grands défauts, c'était ta mauvaise humeur », l. 3 à 5). Ce faisant, il invite Iphicrate à comparer la souffrance qu'il endure sur l'île des esclaves à celle que lui-même endurait à Athènes.

Ce rapprochement aboutit à une hiérarchisation des souffrances et des torts. Par l'emploi de comparatifs de supériorité (l. 3 et 16), Arlequin laisse entendre que la servilité fut autrement plus douloureuse et durable pour lui qu'elle ne l'est présentement pour Iphicrate.

Des résolutions optimistes

Arlequin et Iphicrate ne se contentent pas d'effectuer un bilan du passé. L'un et l'autre ont également à cœur de sortir de l'impasse que constitue leur relation. C'est la raison pour laquelle chacun fait un pas en direction de l'autre. Dans un élan d'authentique générosité, Arlequin pardonne à son maître (l. 18-19) et se montre sensible à son désarroi. Iphicrate, touché par tant de grandeur d'âme, reconnaît alors qu'il « ne méritai[t] pas d'être [son] maître » (l. 30). L'aveu des abus auxquels il s'est jadis livré s'apparente à une confession publique qui augure bien de l'avenir.

À l'évocation d'un passé douloureux succèdent d'ailleurs de multiples allusions à un avenir meilleur. Arlequin est le premier à utiliser, dans le cours de la conversation, des verbes au futur chargés de connotations positives : « je parlerai en ta faveur à mes camarades », (l. 20-21) ; « je te garderai comme mon ami » (l. 21). Cette ouverture amicale trouvera un écho, non moins positif, dans la réponse qu'Iphicrate adresse à son généreux compagnon : « je me ressouviendrai toujours que je ne méritais pas d'être ton maître » (l. 29-30). Le pardon de l'un et l'aveu de l'autre créent donc les conditions nécessaires à un changement de situation.

Un échange des rôles

Ce changement intervient, d'une manière pourtant surprenante, dans les dernières répliques de la scène. Contre toute attente, Arlequin cesse subitement de tutoyer son interlocuteur pour adopter le vouvoiement et de nouvelles marques de respect : « Ne dites donc point cela » (l. 31) ; « C'est à moi à vous demander pardon » (l. 33-34). Iphicrate n'est plus l'ennemi dont il faut se venger, mais un être sensible que l'on traite avec ménagement.

Il suffit pour s'en convaincre d'observer le changement de ton qu'adopte Arlequin. Aux propos ironiques et moralisateurs des premières répliques succèdent des expressions empreintes de déférence et de compassion : « je te garderai comme mon ami » (l. 22) ; « mon cher patron » (l. 1-32) ; « Mon pauvre patron » (l. 38).

L'emploi réitéré du terme «patron» est aussi l'annonce d'un apparent retour à l'ancien ordre social. Arlequin ne se contente pas de pardonner à son maître déchu. Poussant la générosité plus avant, il restitue à Iphicrate son nom, ses vêtements et sa condition. Ce faisant, Arlequin semble retrouver la situation qui était la sienne au début de la pièce : le jeune homme, promu au rang de maître accepte de redevenir le serviteur qu'il était jadis. Tout rentre dans l'ordre.

DEUXIÈME AXE DE LECTURE
UNE LECON D'HUMANITÉ

Le dénouement proposé dans cette scène constitue l'une des étapes majeures de l'évolution des personnages. Arlequin fait preuve de bonté ; le cœur d'Iphicrate s'humanise ; bien qu'incertaines, les relations sociales semblent promises à un avenir meilleur.

Un serviteur raisonnable et généreux

Arlequin joue un rôle déterminant dans cette scène puisqu'il est l'artisan des changements qui s'y opèrent. Il est, en effet, celui qui mène la conversation et prend les initiatives qui conduiront au dénouement, ainsi que le suggère la dernière didascalie de la scène : «Après quoi il déshabille son maître», l. 39. Loin de subir le retour à l'ancien ordre social, Arlequin va au devant de son maître pour accomplir, de son propre chef, les gestes qui symboliseront la transformation de leurs relations. Renonçant à sa bouffonnerie, l'esclave bouleverse, en toute connaissance de cause, la logique sociale instaurée par Trivelin. Ce faisant, il montre à son interlocuteur qu'il est, à la fois, homme de raison et de cœur.

Au cours de cette scène, Arlequin adopte ce que l'on pourrait nommer *le langage du cœur.* Le jeune homme multiplie les termes appartenant au champ lexical des sentiments («tu veux que je partage ton affliction», l. 15 ; «je dois avoir le cœur meilleur que toi», l. 16. Il se montre aussi capable d'ouverture aux autres et d'altruisme en reconnaissant à Iphicrate le droit de se plaindre. Dans le cœur d'Arlequin, le désir de vengeance cède donc la place à la tendresse et à la compassion.

Dans cette perspective, il importe peu qu'Arlequin ait ou non perdu son statut de maître. En faisant preuve de générosité, d'humilité et de grandeur d'âme, le personnage accède à la seule noblesse qui compte : celle du cœur.

Un maître humanisé

Au cours du dialogue, Iphicrate se laisse progressivement gagner par la bienveillance d'Arlequin. Dans les premières répliques, l'ancien maître justifie ses emportements passés et laisse libre cours aux reproches : « ne fallait-il pas te corriger de tes défauts ?», (l. 1-2) ; « Va, tu n'es qu'un ingrat », (l. 6). Peu à peu, ses propos se chargent cependant d'indulgence et de sensibilité : le personnage recourt au champ lexical des sentiments et à diverses phrases exclamatives suggérant l'intensité de ce qu'il éprouve (« Mon cher Arlequin ! », l. 25-26). L'emploi réitéré de l'expression adjectivale « Mon cher Arlequin » (l. 25-26) ou « mon cher enfant » (l. 28) crée une nouvelle intimité entre les deux hommes : aux expressions méprisantes par lesquelles Iphicrate s'adressait jadis à son esclave se substituent des termes affectueux et valorisants.

Les didascalies qui accompagnent le dialogue soulignent l'évolution du personnage : si la première d'entre elles n'évoque qu'un simple rapprochement dans l'espace (l. 25), la seconde suggère la proximité des cœurs (l. 36) : Iphicrate se montre enfin « humain, raisonnable et généreux ». La cure d'humanité à laquelle il fut contraint de prendre part touche donc à son terme.

Les incertitudes du dénouement

Les embrassades auxquelles aboutissent ces retrouvailles entre Iphicrate et Arlequin ne vont pas sans quelque inquiétude.

On ne peut lire cette scène sans se demander si Iphicrate est véritablement sincère. Est-il réellement touché par la bonté d'Arlequin ou feint-il de l'être pour recouvrer sa puissance et son prestige ? Répondre à cette question est affaire d'interprétation.

Nous remarquerons néanmoins qu'Iphicrate se trouve soudainement libéré par l'aveu de ses fautes et de ses folies passées. Les épreuves qu'il vient de subir ont purifié l'homme inique qu'il était. Le fait qu'Iphicrate retrouve ses vêtements sans que son épée ne lui soit rendue est, à cet égard, très significatif : ce dernier redevient le maître, mais son cœur a changé ; à la violence des rapports de domination que symbolise l'épée se substitueront sans doute des relations fondées sur le partage et le respect de l'autre.

La même interrogation peut être soulevée à propos d'Arlequin. Renonce-t-il au statut que lui a octroyé Trivelin par naïveté ou par choix personnel ? Est-il dupe des intentions d'Iphicrate ou pousse-t-il la leçon d'humanité jusqu'au désintéressement ? On remarquera d'abord qu'Arlequin prend « plaisir à bien faire » (l. 38-39). En renonçant au privilège d'être maître, le personnage donne un exemple de générosité à son partenaire.

Conformément à sa nature excessive et fantasque, Arlequin pousse l'abnégation jusqu'à s'accuser de fautes qu'il n'a pas véritablement commises : « mes plus grands défauts, c'était ta mauvaise humeur » (l. 4). « Quand vous n'étiez pas raisonnable, c'était ma faute » (l. 35). Ce faisant, il aide son interlocuteur à faire son autocritique et à se repentir. En avouant que la « générosité d'Arlequin [le] couvre de confusion » (l. 35-36), Iphicrate se montre d'ailleurs contrit d'avoir été méchant. Comme le dira Arlequin dans la scène suivante : « Quand on se repent, on est bon. »

CONCLUSION

En renonçant à son statut de maître, Arlequin devient, paradoxalement, le véritable vainqueur de la confrontation. Il prouve d'abord que la loi du talion et le stade de la vengeance personnelle peuvent être dépassés par une attitude altruiste et généreuse. Il démontre aussi à Iphicrate que le rang social et l'exercice de la vertu sont deux réalités distinctes. Être « honnête homme », ce n'est pas être fier de son rang, mais accéder à la noblesse du cœur.

Texte 6 Scène 11

TRIVELIN *et les acteurs précédents.*

TRIVELIN. — Que vois-je ? vous pleurez, mes enfants, vous vous embrassez !

ARLEQUIN. — Ah ! vous ne voyez rien, nous sommes admirables ; nous sommes des rois et des reines. En fin finale, la paix est conclue, la vertu a arrangé tout cela ; il ne nous faut plus qu'un bateau et un batelier pour nous en aller ; et si vous nous les donnez, vous serez presque aussi honnêtes gens que nous.

TRIVELIN. — Et vous, Cléanthis, êtes-vous du même sentiment ?

CLÉANTHIS, *baisant la main de sa maîtresse.* — Je n'ai que faire de vous en dire davantage, vous voyez ce qu'il en est.

ARLEQUIN, *prenant aussi la main de son maître pour la baiser.* — Voilà aussi mon dernier mot, qui vaut bien des paroles.

TRIVELIN. — Vous me charmez. Embrassez-moi aussi, mes chers enfants, c'est là ce que j'attendais ; si cela n'était pas arrivé, nous aurions puni vos vengeances comme nous avons puni leurs duretés. Et vous Iphicrate, vous Euphrosine, je vous vois attendris ; je n'ai rien à ajouter aux leçons que vous donne cette aventure ; vous avez été leurs maîtres, et vous en avez mal agi ; ils sont devenus les vôtres, et ils vous pardonnent ; faites vos réflexions là-dessus. La différence des conditions n'est qu'une épreuve que les dieux font sur nous : je ne vous en dis pas davantage. Vous partirez dans deux jours, et vous reverrez Athènes. Que la joie à présent et que les plaisirs succèdent aux chagrins que vous avez sentis, et célèbrent le jour de votre vie le plus profitable.

INTRODUCTION

Situer le passage

Au cours des scènes précédant cet extrait, Iphicrate et Euphrosine ont subi des épreuves qui les ont amenés à reconnaître leurs torts. L'un et l'autre ont ainsi pris conscience des souffrances de leurs esclaves. Après avoir laissé libre cours à la rancune, ces derniers ont fait preuve d'indulgence en accordant leur pardon aux maîtres déchus. S'en est alors suivi un nouvel échange des rôles. La scène 11 constitue l'épilogue de la pièce. Trivelin y rejoint les quatre naufragés pour constater l'efficacité de l'expérience qui leur fut imposée.

Dégager des axes de lecture

Cette scène de clôture permet au meneur de jeu qu'est Trivelin de tirer les leçons du « cours d'humanité » vécu par les personnages.

PREMIER AXE DE LECTURE UNE SCÈNE DE CLÔTURE

Par son retour sur scène, Trivelin met fin aux épreuves endurées par les naufragés et prépare le divertissement sur lequel se clôt la pièce.

L'ultime rassemblement des personnages

Une analyse de l'entrée en scène des personnages fait clairement apparaître la double particularité de ce texte de clôture. On remarquera d'abord que tous les personnages de la pièce sont présents sur scène, ainsi que le souligne la didascalie sur laquelle s'ouvre le texte : « TRIVELIN, *et les acteurs précédents*[1] » (l. 1). Ce fait est d'autant plus important qu'il ne s'est produit auparavant qu'une fois, à l'ouverture de la pièce (sc. 2), à l'heure où Trivelin exposait aux naufragés les lois en vigueur sur l'île. Par ce second rassemblement, le dramaturge rend imminente l'ultime explication des protagonistes de l'action.

1. Lors de la scène précédente (sc. 10), quatre personnages étaient présents sur scène : Cléanthis, Arlequin, Euphrosine et Iphicrate.

La didascalie initiale (l. 1) nous apprend aussi que Trivelin, absent depuis l'épreuve des portraits (sc. 5), effectue son retour sur scène. Cette réapparition n'est pas fortuite. Elle laisse entendre au lecteur que le temps est venu d'observer, chez les naufragés, les transformations générées par le « cours d'humanité ». L'intervention de Trivelin prépare donc, à sa manière, le tomber de rideau.

La fin des épreuves

Cette scène met un terme aux épreuves subies par les Athéniens. La première réplique d'Arlequin est, à cet égard, particulièrement révélatrice : l'allusion à « la paix« qui vient d'être conclue (l. 6) et le pléonasme qui la précède (« En fin finale, la paix est conclue », l. 5-6) laissent entendre que l'intrigue s'achève dans l'harmonie et la bonne humeur. La seconde et dernière réplique du personnage est encore plus explicite puisqu'Arlequin affirme avoir prononcé « [son] dernier mot » (l. 15) en baisant la main de son maître. Par ses propos empreints de fantaisie et d'humour, le serviteur d'Iphicrate fait délibérément place au silence.

La tirade de Trivelin sur laquelle se clôt la pièce (l. 17 à 29) est également placée sous le signe d'un dénouement heureux. Le maître des lieux parle des épreuves infligées à Iphicrate et Euphrosine au passé et se montre satisfait des résultats obtenus. Il laisse entendre, à deux reprises, que son rôle s'achève et que rien de nouveau ne saurait être dit : « Je n'ai rien à ajouter aux leçons que vous donne cette aventure » (l. 22) ; « Je ne vous en dis pas davantage » (l. 26). Lecteurs et spectateurs ont ainsi le sentiment que Trivelin prononce ses dernières paroles. Tout est dit, et le spectacle touche à son terme.

L'annonce d'un divertissement

Comme la plupart des comédies de Marivaux, *L'Île des esclaves* s'achève dans le rire et la bonne humeur.

Tous les personnages de la pièce ont d'abord de réels motifs de satisfaction : Trivelin se félicite du succès de l'entreprise (l. 18) ; Arlequin et Cléanthis sont désormais considérés par leurs maîtres comme des êtres humains à part entière ; Iphicrate et Euphrosine, guéris de leur méchanceté, ont enfin le plaisir d'être devenus meilleurs. La perspective d'un retour en Grèce (l. 27) et l'allusion aux réjouissances qui se préparent (l. 28-29) participent de cette ambiance festive. Les propos par lesquels Arlequin exprime son aspiration au départ (l. 7) confèrent un caractère presque féerique à cette scène de clôture : comme dans *Les Fêtes galantes* ou *L'Embarquement pour Cythère* du peintre Watteau[1], les personnages de la pièce ont le sentiment d'être devenus « des rois et des reines » auxquels il ne manque « qu'un bateau et un batelier » (l. 7). L'embarquement pour Athènes se fera donc dans l'allégresse.

D'une certaine manière, le dramaturge a tenu à ce que les spectateurs de *L'Île des esclaves* prennent part à cette fête. Souvenons-nous, en effet, qu'un *divertissement* chanté et dansé, était offert au public à l'issue de la représentation. Ce court spectacle, que les derniers mots de Trivelin semblent annoncer (« Que la joie à présent et que les plaisirs succèdent aux chagrins », l. 28-29), confère une dimension ludique et récréative au dénouement.

DEUXIÈME AXE DE LECTURE
LES LEÇONS DE L'AVENTURE

La bonne humeur qui émane de cette scène de clôture n'empêche cependant pas Trivelin de tirer les leçons, politiques et morales, de l'aventure vécue par les naufragés.

Un jugement favorable

Trivelin revient à la fin de la pièce pour évaluer les progrès accomplis par les quatre naufragés. Il se montre satisfait des changements de comportement rendus visibles par les embrassades et les larmes (l. 2-3). Que l'interrogation sur laquelle s'ouvre la scène soit suivie d'une phrase exclamative est, à cet égard, très significatif : après un court instant d'étonnement, l'homme raisonnable et

1. Bien des analogies existent entre l'œuvre picturale de Watteau (1684-1721) et le théâtre de Marivaux.

modéré qu'est Trivelin laisse éclater sa joie. Le ton sur lequel le personnage s'adresse aux naufragés est d'ailleurs empreint de bienveillance et d'affection, ainsi que le suggère l'emploi du terme « enfants » et de l'adjectif possessif « mes » (« mes enfants », l. 2). Désormais, Trivelin se comporte moins en administrateur rigoureux et draconien qu'en père équitable et chaleureux.

Cette évolution est d'autant plus probante que les propos du personnage se chargent de connotations religieuses. L'évocation des « dieux » (l. 25) ou les discrètes références à l'amour du prochain en font une sorte de personnage messianique désireux de répandre la paix sur terre. La façon dont débute la dernière phrase de la pièce (l. 27) n'est pas sans rappeler l'exhortation chrétienne : « Que la paix soit avec vous ». Par ces résonances religieuses, Trivelin devient, à sa manière, le patriarche de l'île.

Des justifications ambiguës

Néanmoins, cette bonté ne dissimule pas totalement l'ambiguïté du message politique que Trivelin adresse à ses interlocuteurs. La paix et la fraternité que préconise le gouverneur de l'île peuvent, en effet, sembler en contradiction avec l'apparent retour à la situation initiale sur lequel se clôt la pièce. En entérinant la restauration de l'ancien ordre social, Trivelin accepte tacitement une certaine forme d'inégalité sociale.

La façon dont le personnage justifie cette inégalité ajoute encore aux ambiguïtés du dénouement : en affirmant que « la différence n'est qu'une épreuve que les dieux font sur nous » (l. 25-26), Trivelin laisse entendre que la Providence impose aux hommes des différences de condition dont il convient de s'accommoder. Selon lui, la hiérarchie sociale ne saurait être fondamentalement remise en cause parce qu'elle est d'essence divine. Arlequin et Cléanthis devront l'accepter car elle est voulue par une force qui transcende l'humaine condition. Ces derniers resteront donc au service d'Iphicrate et de Cléanthis. Pour bénéfique qu'il fut, leur séjour sur « l'Île des Esclaves » n'aura pas abouti à une véritable révolution politique.

Les principes d'un réformisme moral

Cela ne signifie pas, pour autant, que rien n'ait changé. Les propos de Trivelin (l. 3 et 22) et les didascalies que comporte le passage (l. 12 et 14) laissent entendre que des gestes de tendresse sont échangés entre maîtres et serviteurs. L'émotion qui s'est emparée d'Euphrosine et d'Iphicrate est de bon augure : elle prouve que les maîtres ont acquis une sensibilité qui les rend capables d'humanité. À l'orgueil et la cruauté qui les animaient succèdent la douceur et la compassion. Le fait que les maîtres soient présents sur scène sans prendre la parole corrobore cette impression : par leur silence, Iphicrate et Euphrosine démontrent à leurs proches qu'ils sont désormais enclins à la modération et à l'humilité. L'un et l'autre ont renoncé à l'arrogance hautaine par laquelle s'exprimait jadis « leurs singeries d'amour-propre ».

L'évolution d'Arlequin et de Cléanthis n'en est pas moins perceptible dans ce passage. Ces derniers, longtemps poussés par un désir de vengeance, ont su dépasser le stade du ressentiment pour adopter le langage du cœur et de la raison. Après avoir accordé leur pardon, les serviteurs laissent libre cours à leur bienveillance naturelle en « baisant la main » de leurs maîtres (l. 12 et 15). Ce faisant, ils prouvent que la véritable noblesse est celle du cœur.

CONCLUSION

Le dénouement de la pièce fait clairement apparaître la position de Marivaux. Le dramaturge ne prône pas l'insurrection ; il ne cherche pas à renverser la hiérarchie sur laquelle repose la société de son temps. C'est à peine s'il ose imaginer un monde pleinement égalitaire. La réforme à laquelle il aspire est moins politique que morale, moins institutionnelle qu'intérieure et psychologique. Selon lui, l'essentiel réside dans l'éveil des consciences et des cœurs. Aux hommes d'apprendre à vivre ensemble, sans violence et sans dissimulation, en montrant, comme le font les personnages à la fin de la pièce, « leur âme à découvert ».

Bibliographie

ÉDITIONS DE *L'ÎLE DES ESCLAVES*

Éditions savantes (pour toute étude approfondie)

- MARIVAUX, *Théâtre complet,* t. 1 ; édition établie par Frédéric Deloffre), Paris, Éd. Bordas, coll. « Classiques Garnier », 1980.
- MARIVAUX, *Théâtre complet,* t. 1 ; édition établie par Henri Coulet et Michel Gilot, Paris, Éd. Gallimard, coll. « Bibliothèque de la Pléiade », 1993-1994.

Éditions courantes

- *L'Île des esclaves*, Paris, Éd. Hachette Classiques, 1994.
- *L'Île des esclaves*, Paris, Éd. Larousse Classiques, 1990.
- *L'Île des esclaves*, Paris, Éd. GF-Flammarion, 1989.

OUVRAGES CONSACRÉS À L'ŒUVRE DE MARIVAUX

- BÉNAC Karine, *Les Fausses Confidences,* Paris, Éd. Hatier, coll. « Profil d'une œuvre », 1999.
- COULET Henri et GILOT Michel, *Marivaux, un humanisme expérimental*, Paris, Éd. Larousse, coll. « Thèmes et Textes », 1973.
- DELOFFRE Frédéric, *Une préciosité nouvelle : Marivaux et le marivaudage*, Paris, Éd. Les Belles Lettres, 1955. (Rééd. A. Colin, 1993).
- DOUCEY Bruno, *La Double Inconstance*, Paris, Éd. Hatier, coll. « Profil d'une œuvre », 1999.
- ETERSTEIN Claude, *Le Jeu de l'amour et du hasard,* Paris, Éd. Hatier, coll. « Profil d'une œuvre », 1999.
- POULET Georges, « Marivaux » in *Études sur le temps humain*, t. II, Éd. Plon, 1952.
- ROUSSET Jean, « Marivaux ou la structure du double registre » in *Forme et Signification*, Éd. José Corti, 1962.

Index

Guide pour la recherche des idées

Amour

L'amour de soi (définition de l'amour-propre) .... 62 ; 63
L'amour « à la grande manière » 106
L'éveil du cœur et la compassion 67
Les marques de la tendresse .... 66 ; 115

Coquetterie

Le narcissisme 100
Portrait d'une coquette 100
Les jeux de la séduction 62
L'inconstance des sentiments .... 61 ; 101
L'amour-propre et la vanité 62

Île

La situation géographique de l'île 44
Le thème de l'île en littérature .... 24 ; 28
L'île, espace utopique 48
Espace clos et mise à l'épreuve 47

Inégalité sociale

Une dénonciation de la servitude 83
La violence des rapports de domination 83
L'injustice 82
Noblesse de rang, noblesse de cœur .... 117 ; 123

Langage

La préciosité du langage des maîtres 70
La parodie du langage des maîtres .... 106 ; 108
Injures et sobriquets 69
La rusticité du langage des valets 74

Nom

Définition de l'onomastique 34
Le nom des personnages .... 34 ; 44
– Les noms d'origine grecque 34
– Les noms d'origine italienne 36
– Leur signification .... 34 à 37

Raison

Le personnage de Trivelin .... 37 ; 42 ; 95
Le langage de la raison 72
La maîtrise du ressentiment 66
La raison contre les préjugés 67

Rancune

Définition de la loi du talion 65
Le désir de vengeance 64
L'humiliation des maîtres 65
Les débordements de Cléanthis 102
L'accession à la tolérance 66

Satire

Définition de la satire 56
Définition de la parodie 56
La satire de la coquette .... 56 ; 104
La satire des conversations galantes 106
Corriger les mœurs en faisant rire 60

Temps

Définition de l'analepse 51
L'emploi des temps verbaux .... 53 ; 55
L'Antiquité : une époque de convention 49
Le traitement de la durée .... 50 ; 52

Théâtre

Définitions de quelques procédés :
– Aparté 70
– Didascalie 34
– Divertissement 32
– Stichomythie 58
Nature et rôle d'une scène d'exposition 90
Formes et fonctions du comique .... 56 ; 60
Théâtre dans le théâtre (mise en abyme) 75
Deux conceptions du théâtre :
– *Commedia dell'arte*, atellanes et *lazzi* 80
– Comédie française, comédie de mœurs 81
Illusions et jeux de masques 86
Le travail du comédien .... 79 ; 80

Vertu

L'altruisme 68
La bienfaisance envers le prochain 123
L'éveil du cœur 116

Violence

Ses attributs symboliques : l'épée et le gourdin 35
La brutalité des maîtres 63
La violence verbale 69

Les références renvoient aux pages du Profil.

PAPIER À BASE DE FIBRES CERTIFIÉES

Hatier s'engage pour l'environnement en réduisant l'empreinte carbone de ses livres. Celle de cet exemplaire est de :

350 g éq. CO_2

Rendez-vous sur www.hatier-durable.fr

Achevé d'imprimr par Grafica Veneta à Trebaseleghe - Italie
Dépôt légal : 06370-9/01 - Août 2020